Eva

Petra Ramsauer
Siegen heißt, den Tag überleben

Petra Ramsauer

Siegen heißt, den Tag überleben

Nahaufnahmen aus Syrien

www.kremayr-scheriau.at

ISBN 978-3-218-01060-3
Schutzumschlaggestaltung: Sophie Gudenus, Wien
Unter Verwendung eines Fotos von Ameer Alhalbi/AFP/picturedesk.com
Typografische Gestaltung und Satz: Michael Karner, Gloggnitz
Druck und Bindung: Christian Theiss GmbH, St. Stefan i. Lavanttal

Inhaltsverzeichnis

Vorwort

Bebend vor Zorn tritt Stephen O'Brien, der UN-Nothilfe-koordinator, im Oktober 2016 vor den Sicherheitsrat der Vereinten Nationen. »Ich nehme Sie heute Nachmittag mit auf einen Abstecher in den Osten von Aleppo«, sagt er dort: »In ein tiefes Kellerloch, aneinandergedrängt mit Ihren Kindern und Großeltern. Der Gestank von Urin und Erbrochenem, Ergebnis unbändiger Angst, setzt sich in Ihrer Nase fest. Sie warten auf die bunkerbrechende Bombe, die Sie hier drin töten wird, in Ihrem letzten Unterschlupf, ähnlich dem Ihres Nachbarn, der gestern Nacht darin getötet wurde.« O'Brien schildert, wie Menschen mit bloßen Händen und voller Verzweiflung im Betonschutt nach ihren schreienden Kindern suchen: »Der giftige Staub raubt Ihnen den Atem. Der Geruch von Gas ist allgegenwärtig, jederzeit kann die Luft um Sie herum explodieren.« Diese Menschen, sagt er, »sind wie Sie und ich«.

Exakt darum sollte es immer gehen, wenn vom Syrien-Konflikt die Rede ist: um diese Menschen. Um Syriens Zivilbevölkerung, die jahrelang zwischen den Fronten aufgerieben wurde. Zerrieben. Eine halbe Million ist nach sechs Jahren Konflikt tot, über eine Million schwer verletzt, mehr als die Hälfte der Bevölkerung vertrieben. Führt man sich diese Zahlen vor Augen, die Realität der Überlebenden, wie sie Stephen O'Brien so nachdrücklich beschreibt, dann ist eigentlich alles klar: Die entscheidende Front in diesem Krieg verläuft zwischen den Konfliktparteien und der Zivilbevölkerung, die diesen Krieg weder gewollt hat noch mit irgendjemandem sympathisiert.

Oft heißt es, Syrien sei ein einziges Chaos geworden. Tatsächlich ist es schwierig, diesen Konflikt in all seinen komplizierten Details zu verstehen. Aber es lässt sich begreifen, wie viel Unheil er anrichtet. Deshalb habe ich dieses Buch geschrieben: für jene, die wissen wollen, was diesen Krieg ausgelöst hat und warum er so schwer zu beenden ist. Es soll einen Überblick liefern, wo es angesichts täglich neuer Meldungen sehr schwer fällt, diesen zu behalten. Meine Berichte basieren zum Großteil auf meinen Recherchen in dem Bürgerkriegsland und in den Grenzregionen von 2012 bis 2016. Alle Zitate, die Sie hier finden, die nicht extra ausgewiesen sind, stammen aus diesen Recherchen, besonders aus Aleppo, wo ich während des Krieges mehrmals war. Informationen, die ich zusätzlich recherchiert habe, sind in Fußnoten am Ende des Buches ausgewiesen.

Wer während des Krieges nach Syrien fährt, kommt verändert zurück. Das sagen viele, die es wagten. Reporter, medizinisches Personal, humanitäre Helfer. Die Ereignisse dort führen einem vor Augen, zu welchen bestialischen Gräueltaten Menschen fähig sind. Aber sie zeigen auch, wie viel Widerstandsfähigkeit und Durchhaltevermögen in Menschen stecken kann. Das beweisen jene, die auch nach sechs Jahren Krieg weiterhin an eine demokratische Zukunft in dem Land glauben. »Siegen heißt, den Tag überleben«, sagte mir einer dieser Aktivisten im Herbst 2016, als Aleppo belagert und einem unvorstellbaren Bombenhagel ausgesetzt war.

Wien, im Dezember 2016

[1] Der alte Mann und die Miliz

Mit friedlichen Protesten gegen Präsident Baschar al-Assad wollten die Menschen »nur« Syrien verändern. Daraus wurde ein Bürgerkrieg, der die Welt veränderte. Das Regime kämpft mit brachialer Gewalt ums Überleben. Dies kostet nach sechs Jahren Krieg eine halbe Million Syrer das Leben. Die Hälfte der Bevölkerung flieht, eine Million bis Europa. Ein Dutzend Staaten mischt sich ein: darunter der Iran, Russland, die USA, die Türkei und Saudi-Arabien. Das ausufernde Chaos schafft den Nährboden für Extremismus. Teile der bewaffneten Opposition radikalisieren sich, jene, die für Demokratie auf die Straße gingen, landen zu Zehntausenden im Gefängnis. Im Vakuum des Krieges kann die massenmordende Terrorgruppe »Islamischer Staat« Fuß fassen. Unter ihren Opfern ist ein weltberühmter Archäologe. Und um diesen Krieg zu verstehen, ist der Versuch sinnvoll, mit der Geschichte Syriens anzufangen, die dort beginnt, wo dieser Archäologe stirbt.

Khaled As'ad erlebt nur noch den Anfang vom Untergang seiner Welt. Am 18. August 2015 wird der 81-jährige Archäologe von vier Kämpfern der Terrormiliz »Islamischer Staat« aus einem Kleinlastwagen auf den Vorplatz des Museums von Palmyra gezerrt. Es ist fast Mittag, Schotter und Asphalt glühen. Doch Passanten, die hier an den Marktständen Gemüse kaufen, frieren im Schock. Einer der maskierten Kämpfer nimmt ein Schwert, die anderen halten den hochbetagten Mann fest. Mit einem Schlag wird Khaled As'ad enthauptet. Seine Leiche hängen die Terroristen an Fußfesseln in einen ausgetrockneten Brunnen vor dem Museum. Den Kopf des weltberühmten Archäologen legen sie davor auf den Boden. Selbst seine Brille setzen sie ihm wieder auf. Um den Körper binden sie ein Schild: »Ich bin ein Verräter, ein Götzenanbeter, ich habe an Versammlungen von Götzenanbetern teilgenommen«, steht drauf zu lesen.[1]

Gemeint sind wissenschaftliche Konferenzen, die Khaled As'ad besucht hatte. Nicht nur sein Forschungsgegenstand, der Wissenschaftler selbst war Legende: Von 1963 bis 2003 war er Direktor der Ausgrabungen und des Museums von Palmyra, verfasste zwanzig Bücher über die antike Wüstenmetropole. »Ich bin im Schatten des Bel-Tempels von Palmyra geboren. Was hätte ich sonst in diesem Leben tun sollen?«, beschrieb der elffache Vater sein Leben, das trotz Großfamilie um die Tausende Jahre alten, einzigartig erhaltenen Ruinen kreiste.

Fünf Tage nach dem Tod des Archäologen sind die Relikte Geschichte. Die Fanatiker sprengen den Baalschamin-Tempel, dann den Triumphbogen und in den letzten Augusttagen den Bel-Tempel, das Prachtstück des UNESCO-Weltkulturerbes. Im ersten Jahrhundert nach Christus wurde dieser genial konstruierte Sakralbau errichtet. Von der Vorderseite betrachtet, glich er einem griechischen Tempel, auf der Längsseite fügte er sich in die lokale Tradition der Anbetungsstätten des Sonnengottes. Der Bau öffnete sich so gleichzeitig für die beiden dort praktizierten Religionen. Zwei Jahrtausende hielten dessen Säulen allem stand, was die Region des heutigen Syrien erschütterte. Erst der Bürgerkrieg ab 2011 markiert das eigentliche Ende der einzigartigen Epoche Palmyras. Die Dimension der Verwüstung, den dieser Konflikt einmal hinterlassen wird, lässt sich da erahnen. Vor allem aber die Brutalität, die ein Land, sein Erbe und dessen Volk zermalmt.

»Unser Körper ist das eigentliche Schlachtfeld.« Dieses Zitat einer misshandelten Syrerin, die im Exil in Jordanien behandelt wird, fasst die frontenübergreifende Wahrheit zusammen. Syriens kollektive Tragödie besteht aus Millionen individuellen Tragödien, wie jene der grauenhaften Exekution Khaled As'ads. Köpfe werden abgeschlagen, aus Hubschraubern wird Giftgas auf Städte geworfen, deren Einwohnern man die Fluchtwege versperrt. Eine Flut von Bildern in sozialen Medien dokumentiert fürchterliche Sequenzen: Sie zeigen einen schwerverletzten Zweijährigen nach der Detonation einer Brandbombe, mit Verbrennungen im Gesicht und am Oberkörper, der vor Schmerz bebt. Lehm wird ihm aufgetragen, weil Salben fehlen. Szenen in einem Not-Lazarett, wo Dutzende nach einem Chlorgas-Angriff nach Luft ringen. Solche unerträglichen Eindrücke lassen sich allerdings einfach ausblenden. Es reicht, die Augen zu schließen oder nicht mehr mitzuschreiben. Das tun viele. 2014 hören etwa die Vereinten Nationen auf, die Toten zu zählen. Zu diesem Zeitpunkt sind es 250.000. Die Zwischenbilanzen danach sind Schätzungen: mindestens 450.000 Opfer fordert der Krieg nach sechs Jahren, bis zu einer Million könnten es schlussendlich sein. Zu einem überwiegenden Teil ist an ihrem Tod die brachiale Kriegführung des syrischen Regimes und seiner Verbündeten schuld.[2]

Ab dem Herbst 2015 ist dies vor allem Russland, dessen brachiale Luftangriffe zur Unterstützung des syrischen Regimes laut Berichten der Experten der Vereinten Nationen alleine Tausende Tote fordern. Mit Füßen werden Menschenrechte und das Völkerrecht getreten, von allen Konfliktparteien. Versuche des UN-Sicherheitsrates, dem Morden, Bomben, Foltern, dem Aushungern ganzer Städte Einhalt zu gebieten, versanden. Nichts und niemand scheint die Spirale der Gewalt stoppen zu können – oder zu wollen. Im Gegenteil.

Als im Spätwinter 2011 die ersten Proteste gegen das Regime Baschar al-Assads beginnen, scheint in Syrien nach Tunesien, Ägypten und Libyen »nur« die nächste Erb-Autokratie Arabiens ins Wanken zu geraten. Doch Syriens Krise eskaliert rasant in einen brutalen militärischen Konflikt zwischen den Assad-treuen Sicherheitskräften und Rebellengruppen, die anfangs zum Großteil aus Deserteuren des Heeres bestehen.

Maßgeblich schuld an dieser Zuspitzung ist, dass beide Seiten von ausländischen »Partnern« hochgerüstet und radikalisiert werden. Das Regime erhält Schützenhilfe, die von Hardlinern aus dem Iran orchestriert wird: den al-Quds-Brigaden, der Auslandseinheit der paramilitärischen »Revolutionsgarden«. Samt ihrer schiitischen Zieh-Milizen wie der libanesischen Hisbollah greifen sie in Syrien ein. Als den »ersten internationalen schiitischen Dschihad der Geschichte« bezeichnet dies das deutsche Magazin »Der Spiegel«[3]. Demnach sind dreimal so viele ausländische Kämpfer aufseiten des Regimes im Einsatz wie aufseiten der Opposition. Diese wird wiederum vor allem von Saudi-Arabien, Kuwait, Katar und der Türkei unterstützt. Geldströme übersetzen sich in die Stärkung extremistischer Gruppen, die ideologisch ins Konzept der Gönner passen.

Ein Stellvertreterkrieg zwischen dem Iran und Saudi-Arabien prägt die ersten Kriegsjahre, der später von einem zweiten, jenem zwischen Russland und dem Westen, überlagert wird. Die Fronten im Land verhärten sich und der explosionsartige Zerfallsprozess Syriens löst Schockwellen aus, die weit über die Grenzen des Landes hinaus für Erschütterung sorgen. Schlussendlich erreicht die Krise Syriens auch die EU. Als 2015 über eine Million Flüchtlinge über das Mittelmeer Europa erreichen, führt dies zu massiven innenpolitischen Belastungsproben, vor allem in Deutschland und Österreich. Nach mehreren fürchterlichen Terroranschlägen, in Paris, Brüssel, Nizza und Ansbach, verübt von Anhängern des »Islamischen Staates«, lässt sich Syriens Krise beim besten Willen nicht mehr aus Europas Realität verdrängen. Mit dieser Terror-Gruppe wird greifbar, wie verheerend die Folgen sein können, wenn ein Konflikt quasi sich selbst überlassen wird, bilanziert John Allen, Befehlshaber im Kampf gegen den IS und einer der höchstdekorierten Generäle der US-Streitkräfte, im Oktober 2016. »Die Welt wird uns nicht verzeihen, wenn wir weiter nicht handeln.« Damit meint er aber nicht mehr den Krieg gegen die Terrormiliz, sondern den Kampf gegen das Regime Baschar al-Assads, aus seiner Sicht die eigentliche Wurzel aller verheerenden Folgen dieses Krieges.[4]

Im tiefschwarzen Zeitalter

Der ausufernde Bürgerkrieg bereitete den Boden für eine der gefährlichsten Extremistengruppen der Welt. 2014 entsteht die Terrormiliz »Islamischer Staat« (IS), die in einem Blitzkrieg die Hälfte Syriens und bis zu einem Drittel des Irak erobert. Der Schock sitzt tief. Ein Horror-Staat wird gegründet, 35.000 freiwillige Kämpfer aus über hundert Staaten der Welt reisen ein. Darunter mindestens 7000 aus Europa. Sie orchestrieren eine globale Attentatswelle, mit Angriffen in Tunesien, Belgien, Frankreich, den USA, der Türkei und Deutschland.[5]

Acht Millionen Menschen sind in Extremisten-Hochburgen in Syrien und dem Irak quasi gefangen, werden mit archaischen Gesetzen gequält. Es ist eine psychopathische Verzerrung islamischer Glaubenstexte, die diese Terrorgruppe zu ihrem »Dogma« erhebt und ihre Anhänger zu bestialischen Morden verleitet. Dazu zählt das totalitär interpretierte »Bilderverbot«. Jede Kultur außer der islamischen sei eine Sünde, jedes Bild, jede Statue Blasphemie und müsse zerstört werden, so die Auffassung der IS-Fanatiker. Dass die Terrorgruppe gleichzeitig die Hehlerei mit antiken Wertgegenständen zu ihrer zweitwichtigsten Einnahmequelle macht, mindestens hundert Millionen Euro pro Jahr mit dem Verkauf von geplünderten Kunstschätzen erzielt, scheint sich mit ihrem Religionsverständnis nicht zu spießen.[6]

Bereits bei ihrem Feldzug im Irak hatte die Terrormiliz in den von ihr eroberten Gebieten Baudenkmäler gesprengt, Kunstschätze entweder kleingeschlagen oder geplündert. Es herrscht Alarmstimmung, als sich am 15. Mai 2015 Einheiten der Terrormiliz in Richtung Tadmur bewegen – so lautet der arabische Name Palmyras und auch die Bezeichnung für die moderne Stadt, in der 100.000 Menschen lebten. 200 Kilometer nordöstlich der Hauptstadt Damaskus gelegen, ist die Oasen-Stadt auch im 21. Jahrhundert ein wichtiger Verkehrsknotenpunkt und dank der reichen Erdgasvorkommen wird hier Energie für den Großraum der syrischen Metropole erzeugt.

In den Tagen vor der Eroberung versuchen die Verantwortlichen der antiken Stätten Palmyras zu retten, was zu retten sein könnte. Lastwagen werden mit Artefakten, Statuen, Mumien, die irgendwie transportabel sind, beladen und 90 Prozent der wichtigsten Pretiosen der antiken Stadt werden ins 200 Kilometer entfernte Damaskus gebracht. Khaled As'ad, Palmyras pensionierter Chefarchäologe, beaufsichtigt akribisch die Evakuierung. Er weigert sich mitzukommen, obwohl, wie seine Kinder später erzählen, er sich zu 100 Prozent sicher gewesen sei, getötet zu werden.

Die brachiale Gewalt der Terrormiliz entlädt sich anfangs vor allem gegen die Einwohner. »Schon am ersten Tag verhafteten sie wahllos vierzig Menschen. Die Terroristen zerrten ihre Opfer zu den Ruinen und töteten sie dort. Die gesamte Bevölkerung wurde gezwungen, zuzusehen«, berichtet ein 25-jähriger Bewohner der Stadt. Er bittet darum, anonym zu bleiben: »Sicher ist man vor denen nie«, sagt er, auch wenn es ihm wie vielen anderen gelingt, wenige Tage nach der Eroberung der Stadt zu fliehen. Aber nicht allen sei es gelungen, sich zu retten. Vor allem jene, die kein Geld hatten, um irgendwen zu bestechen, waren gezwungen, zu bleiben, ergänzt er erschüttert: »Die Terroristen haben Tausende ermordet. Jeden, an dem sie nur irgendetwas auszusetzen hatten, brachten sie um.«

Die Fanatiker ergötzen sich daran, ihren Sadismus vor der Kulisse des Weltkulturerbes zu inszenieren. Videos werden gedreht und dann als Propagandafilme auf den Medienkanälen der Terrormiliz zur Schau gestellt. Der mutmaßliche Boss der IS-Propaganda für Europa, der Österreicher Mohammed Mahmoud, wählt ebenfalls dieses Setting für einen seiner abscheulichen Filmauftritte. Vor laufender Kamera erschießt er einen Gefangenen und brüllt dann in die Kamera wilde Parolen, die Gleichgesinnte zu Terroranschlägen in Europa motivieren sollen.

Aufnahmen entstehen hier, die auch einen Eindruck davon vermitteln, wie schwierig es einmal sein wird, in allen syrischen und irakischen Gebieten, die jahrelang vom IS kontrolliert waren, nicht nur das Land, sondern auch die Seelen wieder aufzubauen. In Kindergärten der IS-Territorien müssen bereits Dreijährige an Puppen das Halsabschneiden trainieren. In den Schulen pauken sie das wahnwitzige Weltbild der Extremisten. Naturwissenschaften fehlen im Lehrplan – ebenso Musik oder Zeichnen. Wie weit die Terroristen gehen, um, wie sie es nennen, ihre neue Generation der »Löwen des Kalifats« zu erziehen, illustriert eines der grauenvollsten Videos, die in Palmyra gedreht wurden. Es zeigt, wie Anfang Juli 2015 im sehr gut erhaltenen römischen Amphitheater 25 Soldaten der Assad-Armee rituell hingerichtet werden. Ihre Henker sind Buben im Alter zwischen zehn und zwölf Jahren.

Syriens letzte Schätze

Der Archäologe Khaled As'ad zählt zu den ersten, die in der Stadt verhaftet werden. Sofort wird er nach Raqqah, in die »Hauptstadt« des Terrorstaates, gebracht und dort verhört. Die IS-Kämpfer haben es auf die Kunstschätze abgesehen, wollen Informationen. Doch As'ad schweigt und wird nach Palmyra zurückgebracht. Dort wird er gemeinsam mit seinem Sohn Walid abermals festgenommen. »Sie folterten meinen Vater, um aus ihm herauszubekommen, wo der Goldschatz, den sie in Palmyra vermuteten, versteckt sei«, erzählt sein Sohn: »Meinen Vater töteten sie aus Rache, weil er standhaft schwieg.« »Er hätte es ihnen auch gar nicht sagen können«, ergänzt Andreas Schmidt-Colinet, einer der engsten wissenschaftlichen Kooperationspartner As'ads, verbittert: »Alles, was es an wertvollen Artefakten in Palmyra gab, vor allem Grabreliefs, war entweder teilweise weggebracht oder längst geplündert worden.« Und der eigentlichen Schatz, die Tempel, sei vor ihren Augen gewesen. »Und den haben sie zerstört.«

Der deutsche Universitätsprofessor für Archäologie kannte seinen syrischen Kollegen fast 40 Jahre. Bevor er in Deutschland, der Schweiz und lange in Österreich, an der Universität Wien, lehrte, verbrachte er Jahre in Syrien. Bis 2010 erforschte er gemeinsam mit As'ad die antike Wüstenmetropole, deren Blütezeit zwischen dem 1. Jahrhundert vor und dem 3. Jahrhundert nach Christi datiert wird. Doch noch immer hat die Wissenschaft nicht alle Rätsel um diese bemerkenswerte Handelsstadt zwischen dem römischen und dem persischen Reich gelöst. Als Schmidt-Colinet und As'ad bei den Ausgrabungen prunkvolle Residenzen freilegten, entpuppte sich Schicht für Schicht, wie bemerkenswert die Metropole war. Neben Seidenstoffen aus China traten dabei Spuren von Olivenöl aus Spanien, Datteln aus Ägypten, Keramik aus Carnuntum, Metalle aus dem heutigen Deutschland zutage. In der Stadt gab es Formulare für die Administration, die in mehreren Sprachen – Palmyrenisch, Griechisch und Latein – verfasst waren. Solche Details belegen den besonderen Charakter Palmyras als Brücke zwischen Kulturen und auch Religionen.[7]

Das goldene Zeitalter der antiken Wüstenstadt lässt erahnen, wie Syriens Idealzustand aussehen könnte: ein Ort, dessen Heterogenität nicht seine Schwachstelle, sondern seine eigentliche Stärke bildet. Zwischen dem Mittelmeer und den fruchtbaren Tälern Mesopotamiens gelegen, definiert sich die Region seit jeher nicht durch *eine* bestimmte Charakteristik, sondern eben durch diese Vielschichtigkeit. Das gilt auch 2000 Jahre später – oder könnte vielmehr gelten. Doch dieses einzigartige Mosaik an Religionen, Kulturen und Traditionen wird von den kriegführenden Parteien aufgebrochen. Die einzelnen Elemente werden in dem Machtkampf instrumentalisiert und gegeneinander aufgehetzt. Trotzdem kristallisiert sich der Stolz auf dieses Erbe als vielleicht letzter gemeinsamer Nenner aller Syrer und Syrerinnen heraus. Die Nachrufe, die nach Khaled As'ads Tod veröffentlicht wurden, deuten in diese Richtung: Anders als bei vielen anderen Tragödien wird sein

Tod nicht von einer Partei »okkupiert«. Beide Seiten des Konfliktes verkündeten via Aussendungen fast gleichlautend ihre Betroffenheit.

Obwohl Khaled As'ad bereits den späten 1950er-Jahren ein aktives Mitglied der Baath-Partei war, die später die Machtbasis der Assad-Herrschaft wurde, gehörte er in der Wahrnehmung der syrischen Oppositionssprecher nicht zum Regime. Und As'ad, der Patriarch einer in Palmyra tonangebenden sunnitischen Familie, gehörte genauso wenig zur Opposition, die im Vokabular der Assad-Getreuen lediglich als »Terroristen« subsummiert werden. Ein Mann wie er verkörperte vielmehr das real existierende Syrien vor Beginn des Bürgerkriegs – in all seinen Licht- und Schattenseiten. Khaled As'ad arrangierte sich mit dem »System«, arabisch »Nizam«: Nur so war seine Karriere denkbar. Und dazu musste auch er einiges an Bildern ausblenden. Er war damit in bester Gesellschaft.

Assads Gewaltregime

Noch im Jahr 2010 kamen acht Millionen Touristen nach Syrien. Sie besuchten die Souks, die Moscheen und natürlich Palmyra. Das »System« stach niemandem ins Auge. Dabei kam vermutlich ein beträchtlicher Teil der Besucher ganz in die Nähe einer Militäranlage, die nur fünf Kilometer von den prachtvollen Ruinen Palmyras entfernt lag. Auch dieses – im schlimmsten Sinne des Wortes – »historische« Gebäude hat die Terrormiliz IS zerstört: Es handelt sich um das Gefängnis Tadmur, benannt nach der »Neustadt«, ein Internierungslager für politische Gefangene. Zehntausende, die sich mit dem »System« nicht arrangieren konnten oder wollten, genauso wie jene, die ohne auch nur irgendwie anzuecken in Missgunst gerieten, wurden während der vergangenen Jahrzehnte hierher gebracht.

Anders als Syrien-Touristen dürften die Syrer selbst den Begriff »Palmyra« eher mit diesem Ort des Schreckens ihrer Gegenwart als mit dem Weltkulturerbe assoziiert haben. Überlebende berichten voller Entsetzen, dass hier die Foltermethoden des Regimes perfektioniert wurden. Bei Tadmur dürfte es sich um eines der schlimmsten solcher Lager handeln, die es weltweit in der jüngsten Geschichte gab.[8] Nur Bruchstücke des Grauens sickerten bislang durch – sie reichen aus, um sich das Ausmaß der Gewalt vorzustellen. Am 27. Juni 1980 wurden an nur einem Tag mehr als tausend Gefangene umgebracht. Der Massenmord galt als »Racheakt« für einen Attentatsversuch auf den Bruder des damaligen Präsidenten Hafiz al-Assad. Der bewaffnete Flügel der syrischen Muslimbruderschaft wurde dafür verantwortlich gemacht. Da damals viele Häftlinge in Tadmur Mitglied dieser Gruppe waren oder im Verdacht standen, es zu sein, gingen ihre Gefängniswärter brutal auf sie los.

Mit oder ohne Anweisung von oben: Zu den Besonderheiten des Lagers gehörte es, dass hier jeder der Bewacher das »Recht« hatte, jederzeit und ohne ersichtlichen Grund zu töten. Grenzenloser Hass staute sich angesichts solcher Formen der Brutalität des Regimes von Assad senior auf. Dies führte mit zur Radikalisierung der syrischen Muslimbruderschaft, die ab 1979 einen Aufstand versuchte. 1982 wurde dieser mit brachialer Gewalt niedergeschlagen. Zehntausende Menschen starben, als eine Eliteeinheit der syrischen Armee in die Stadt Hama einrückte und mit der Widerstandshochburg auch die Bewegung – zumindest vorerst – in Syrien vernichtete.

Viele Parallelen zwischen den damaligen Vorfällen und der Reaktion des Assad-Sohns auf den Aufstand von 2011 sind zu beobachten. Hier kopiert der Erbe die Handschrift des Clan-Chefs. Doch es geht um viel mehr. Dieses nie aufgearbeitete »Trauma von Hama«, die Jahrzehnte brutaler Unterdrückung, wie sie am Beispiel des Tadmur-Gefängnisses festzumachen sind, führten erst dazu, dass der Bürgerkrieg so eskalieren konnte.

Der eigentliche Bruch, entlang dessen die Gräben in Syriens Gesellschaft sich ab 2011 explosionsartig auftaten, riss bereits auf, als sich Hafiz al-Assad 1970 an die Staatsspitze putschte. Um danach seine Macht zu konsolidieren, spielte er die Gruppen des Landes gezielt gegeneinander aus. Der Assad-Clan ist alawitisch und gehört somit zu einer religiösen Minderheit, die nur zirka zwölf Prozent der Bevölkerung stellt. Alawiten zählen machtpolitisch betrachtet zum schiitischen Islam. Der Iran war und ist auch einer der zentralen Verbündeten des Regimes. Spirituell betrachtet, gelten die Alawiten als eine Sekte des Islam, in deren Glaubenspraxis auch Elemente anderer Religionen einfließen. Bis 1970 wurden sie vor allem deshalb als »Randgruppe« von zentralen Positionen der Gesellschaft ausgeschlossen, nicht als »richtige« Muslime akzeptiert.

Drei Viertel der 21 Millionen Syrer sind sunnitische Muslime: Ihre Großfamilien dominierten Wirtschaft und Politik der Region, lange bevor Syrien in den Grenzen von 1946 ein unabhängiger Staat wurde. Zirka ein Zehntel der Bevölkerung sind Christen, etwa 700.000 sind Drusen, dazu kommt noch eine sehr kleine schiitische Minderheit. Würden hier die Untergruppen der Religionen – vor allem der Christen – dazugezählt, käme man auf fast zwanzig Glaubensbekenntnisse. Heterogen ist auch die ethnische Zusammensetzung. 80 Prozent sind Araber, etwa ein Fünftel sind Kurden, dazu lebt eine kleine Minderheit von Turkmenen und Assyrern in dem Land. All diese Daten sind allerdings nur mit Vorsicht zu deuten: Aktuelle und verlässliche Statistiken, basierend auf Volkszählungen, sind nicht verfügbar. Dies gilt vor allem für die kurdische Bevölkerung. Sie wurde bis Kriegsbeginn vom Regime Assad massiv unterdrückt, vielen wurde die Staatsbürgerschaft vorenthalten. Und es ist diese Gruppe, die als einzige den Konflikt ab 2011 als Anfang vom Ende des modernen Syrien sieht. Kurdische Milizen versuchen die Wirren des Krieges für die Etablierung eines informellen kurdischen Proto-Staates zu nutzen. Für den Aufbau einer autonomen Region, in dem ihre Existenz unbestritten ist.

Zusammengehalten wurde das Land schon lange vor Ausbruch des Konflikts mit eisernem Druck. Ab 1963 galt in Syrien nach dem Putsch des Führungskaders der Baath-Partei der Ausnahmezustand. Nach seiner Machtergreifung änderte Hafiz al-Assad dies nicht und auch nach seinem Tod ließ sein Sohn diese Notverordnungen in Kraft. Die Machtfülle »erbte« Baschar im Jahr 2000 vom Vater, samt dem Präsidentenamt und dem Repressionsapparat zum Machterhalt. Dieser stützt sich zentral auf vier Geheimdienste: der Luftwaffe, des Militärs, der Politischen Sicherheitsabteilung plus eine Stabsstelle. Einzementiert wird die Macht der Assads durch die allgegenwärtige Baath-Einheitspartei, die politische Heimat des Clans. In der Verfassung ist ihre Vormachtstellung verankert. Noch wichtiger als das Glaubensbekenntnis ist deshalb die Parteimitgliedschaft, um im Syrien der Assads zu reüssieren.

Als Baschar al-Assad die Macht übernimmt, kündigt er zwar politische Reformen an, doch wenig wird tatsächlich umgesetzt. Der junge Präsident lässt etwa das Gefängnis in Tadmur, Symbol der Repression durch seinen Vater, im Jahr 2001 schließen. 2011 wird es allerdings wieder eröffnet und Tausende Oppositionelle, die an Protesten gegen das Regime teilnehmen, werden hier interniert.

Schon vor den Unruhen kaschiert eine emsig polierte Fassade, dass der Generationswechsel an Syriens Staatsspitze wenig an dem weiterhin brutal agierenden Polizeistaat geändert hat. Ab 2006 sind britische Public-Relation-Fachleute im Auftrag des Präsidentenpaares am Werk. Die ehemalige Investmentbankerin Asma und der Augenarzt Dr. Baschar sollen als Garanten von Modernität und Stabilität vermarktet werden. So erscheint im Februar 2011 in der USA-Ausgabe der »Vogue« auf Betreiben der professionellen Schönzeichner noch ein Porträt der First Lady. »Rose in der Wüste« heißt es[9] und inszeniert die Frau Assads als Top-Model. Solche Bilder verankern sich, vor allem weil sie als Kontrastprogramm zur zunehmend radikalisierten Opposition in Dauerschleife gespielt werden. Und selbst als Baschar al-Assads Armee im August 2013 einen Vorort von Damaskus mit Giftgas bombardiert, hat dies auf internationaler Ebene keine Konsequenzen. Dafür gibt es viele Gründe. In erster Linie ist es die Angst vor der Instabilität eines Syrien ohne Assad, der im politischen Überlebenskampf zwar auch auf Extremisten setzte und schwer zu berechnen war, aber sein Image hielt ihn sehr lange politisch – und physisch – am Leben.

Ein Jahrhundert Krise

Die Taktik, Syrien zu kontrollieren, indem Gruppen des Landes gegeneinander ausgespielt werden, erfand nicht der Assad-Clan. Frankreich, das ab 1923 Syrien als »Mandatsgebiet«

regierte, schürte gezielt Ressentiments und rekrutierte bevorzugt neben Christen Alawiten für lokale Sicherheitskräfte. Die Besatzungsmacht hoffte, mit diesen Verbündeten den Widerstand der sunnitischen Großfamilien zu brechen. Diese sträubten sich mit aller Kraft gegen die von England und Frankreich oktroyierte Neuordnung nach dem Ende des Osmanischen Reiches.

Ende des 19. Jahrhunderts keimte arabischer Nationalismus auf. In der Levante fokussierte sich die Debatte auf die Frage: Gibt es eine syrische Nation, eine gemeinsame Identität? Oder ist der Begriff »Syrien« nicht eher ein geografisches Konzept, weniger das Rohmaterial eines künftigen territorialen Nationalstaates? Getragen wurde die Debatte von der sunnitischen Bildungselite, die auch eine der zentralen Fragen dieser Debatte heftig diskutierte: Ist so ein Staat mit den Grundsätzen des Islam vereinbar, der ja die Gläubigen als ein Volk begreift?[10] Im Grunde wurden im vergangenen Jahrhundert solche Fragen offen gelassen bzw. mit der Macht des Faktischen beantwortet. Syrien in den Grenzen von 2011 konzipierten die Ex-Supermächte England und Frankreich am Reißbrett. Wohlmeinend könnte man vermuten, dass sie von der Hoffnung getragen waren, dass die Realität in das Konzept hineinwachsen würde.

Denn »Syrien« gab es eigentlich sehr wohl und dies nicht erst seit 1918. Der Name stand weniger für eine geschlossene politische Einheit denn für eine Region, die – wie an der Geschichte Palmyras zu sehen – immense Bedeutung für die Entstehung unserer Zivilisation hatte. Damaskus, genauso wie Aleppo, beanspruchen für sich den Rang als »älteste durchgehend besiedelte« Stadt der Welt. Die heutige Hauptstadt Syriens wird im Alten Testament 45 Mal erwähnt. 6000 Jahre alte Tontafeln – entdeckt im heutigen Irak – weisen auf

Aleppo hin. Die Städte prosperierten im Lauf der Jahrtausende. Die Seidenstraße, die Asien mit Europa verbindet, war die pulsierende Lebensader der Region. In Kombination mit fruchtbarem Ackerland entstand ein solides Fundament für den Reichtum in der Region. Doch dies führte auch zu einem Balanceakt im Zusammenleben von nomadischen Bergvölkern und sesshaften Bauern. Das prägt die Region in Wahrheit bis heute.

Im Römischen Reich tauchte der Name erstmals auf und bezeichnete mit »syria« eine Provinz, die sich von der heutigen Südtürkei bis zur jordanischen Küstenstadt Aqaba am Roten Meer über Palästina und den heutigen Libanon erstreckte. Als »Al-Scham« wird die Region auf Arabisch bis heute bezeichnet. Wellenartig schwappten Großreiche und ihre Armeen über das Gebiet. Auf das Römische Reich folgte die Invasion der Perser, dann jene der Sassaniden. Eine prägnante und kulturell große Veränderung brachte das 7. Jahrhundert, als die muslimischen Heere, von ihrer neuen Machtbastion auf der arabischen Halbinsel ausgehend, auch Syrien eroberten. Arabisch löste nach einem Jahrtausend Griechisch als wichtigste Sprache ab, der Islam wurde rasch mehrheitlich als Religion angenommen. Die Region rückte wenige Jahrzehnte nach der »Arabisierung« ins Zentrum des expandierenden Kalifats. Unter der Dynastie der Umayyaden (661 bis 750 n. Chr.) wurde Damaskus die Metropole dieses mittlerweile gigantisch großen islamischen Staates. Hier und in Aleppo begann der Bau von zwei spektakulären Moscheen, die zwar erst im Lauf der folgenden Jahrhunderte fertiggestellt wurden, aber den Namen der Dynastie tragen.

Es war eine Blütezeit, doch besonders in Aleppo führte die Eroberung zuerst zu einem fürchterlichen militärischen Konflikt. Im August 638 wurde die Stadt angegriffen und bis

Oktober mit einem engen Belagerungsring eingeschlossen und so in die Knie gezwungen. Brachiale Feldzüge der Mongolen und eine der letzten großen Schlachten mit den Kreuzrittern eskalierten in mehreren Belagerungen Aleppos. Von 1098 bis 1291 dauerte diese europäische Variante des »Heiligen Krieges«: Das Ziel der Kreuzritter war es, vom Segen des Papstes beflügelt, die christlichen heiligen Stätten von muslimischer »Belagerung« zu befreien.

Erst mit der Eroberung des Gebietes durch den osmanischen Sultan Selim I. 1516 folgte eine Ära der Stabilität. Allerdings festigten sich in den Jahrhunderten der türkischen Großmacht auch die Bruchlinien in der Region: Syrien wurde in Provinzen zerteilt, die in dieser Formation jahrhundertelang mit einem hohen Grad an Autonomie regiert wurden. Die Entfremdung zwischen Damaskus und Aleppo wuchs. Während die spätere Hauptstadt Syriens in den Süden ausgerichtet war, orientierte sich die Metropole im Norden Richtung Mossul und ins Hinterland.

Als 1914 im Ersten Weltkrieg das Osmanische Reich eine Allianz mit Österreich-Ungarn und Deutschland einging, versuchte Großbritannien, seine strategischen Segel in den Wind des aufkeimenden Nationalismus zu drehen. Hussein ibn Ali, Emir der Haschemiten und Scherif von Mekka, wurde von der britischen Führung dazu überredet, einen arabischen Aufstand gegen die Türken anzuführen. Kraft seiner angesehenen Position als Hüter der Heiligen Stätte des Islam war er ein logischer Kandidat für eine solche Rolle. Als »Dankeschön« für den Aufstand gegen das Osmanische Reich wurde ihm versprochen, nach dem Krieg König Großsyriens zu werden.

Die Ereignisse wurden in dem 1962 gedrehten Epos »Lawrence von Arabien« zu einem Stück Filmgeschichte. Die Realität freilich lief etwas prosaischer ab. Nur ein Teil der arabischen Stämme unterstützte Hussein. Trotzdem gelang es ihm, Damaskus zu erobern. Die »noblen« Großfamilien kamen danach zum Nationalkongress zusammen, um Syriens Zukunft in die Hand zu nehmen. Ein Königreich »Großsyrien« schien zum Greifen nahe. Die lokale Bevölkerung vertraute auf das Versprechen der Briten und dem vom damaligen US-Präsidenten Woodrow Wilson propagierten »Selbstbestimmungsrecht der Völker« als Basis einer neuen internationalen Ordnung. Doch Großbritannien hatte mit Frankreich längst andere Pläne für die Region geschmiedet. Ein Stück Papier mit roten und blauen Linien war 1916, also schon während des Krieges, erstellt worden: rot für die britischen, blau für die französischen Einflusssphären. Offiziell hieß das Dokument »Klein-Asien-Übereinkunft«. Unter dem Namen der Verhandlungspartner, dem französischen Diplomaten François Georges-Picot sowie dem britischen Beamten und konservativen Parlamentsabgeordneten Sir Mark Sykes, wurde es als »Sykes-Picot«-Abkommen zum zentralen Schlagwort für die Nahostpolitik Europas.

Die eigentliche Aufteilung der Region, entsprechend den strategischen Interessen der Siegermächte des Ersten Weltkrieges, wurde ab 1920 während der Konferenz von San Remo ausgehandelt und danach im Vertrag von Sèvres festgelegt. Der Völkerbund übergab Großbritannien das Mandat für den heutigen Irak sowie Palästina. Frankreich erhielt 1923 formal das Mandat für Syrien, dessen endgültige Grenzen 1926 festgelegt wurden. Erst in letzter Minute wurde die ehemalige osmanische Provinz »Mossul« von dem entstehenden Syrien in den Irak verschoben, obwohl diese Staatsgrenze von da an eine eng verwobene Bevölkerung trennte.

Die Söhne Husseins »erhielten« den Irak beziehungsweise

Jordanien als Königreich, ihre eigentliche Heimat auf der arabischen Halbinsel mussten die Haschemiten auf Druck Großbritanniens dem Clan der Sauds überlassen. Das war die Geburtsstunde Saudi-Arabiens.

Ab den 1930er-Jahren wurden die Staaten, die auf dem Gebiet Großsyriens entstanden, nach und nach unabhängig, Syrien 1946 als einer der letzten. Vom Libanon bis zum Irak, alle rangen mit chronischer Instabilität. Die Teilung Palästinas und die Gründung des Staates Israel 1948 lösten mehrere Kriege aus. »Sykes-Picot« wurde so zu einem Schlagwort, das zwar historisch unpräzise ist, aber auch noch ein Jahrhundert später weite Teile der arabischen Bevölkerung zu elektrisieren vermag – als Synonym für eine aufgezwängte Ordnung, die in einer chronischen Krise endete und schlussendlich mit dem Bürgerkrieg in Syrien schonungslos eskalierte.

Kriegserklärung an die Geschichte

Die erste Einstellung des 15 Minuten langen Videos mit dem Titel »Das Ende von Sykes-Picot« zeigt den IS-Kämpfer mit dem Decknamen »Abu Safiyya«. Er wird an der irakisch-syrischen Grenze nahe Mossul gefilmt, wo er den Zusehern die dortigen Szenen zeigt. Mit Feuereifer sind seine Waffenbrüder gerade dabei, die Gebäude niederzureißen, die kleinen Grünflächen werden mit Bulldozern plattgewalzt: »Wir schwören, wir werden diese Barriere niederreißen und die Gräben füllen, den Stacheldraht verschwinden lassen. Diese Grenze wird von den Karten und aus unseren Herzen entfernt«, kommentiert die Stimme aus dem Off: »Wir werden weitere Grenzen wie diese zerstören. Das ist nur der Anfang. Alle Nationalstaaten hier werden wir eliminieren.«

Die Kamera zoomt auf einen Kleinlastwagen, den die Terrormiliz aus Beständen der irakischen Armee erbeutet hat. Er war Teil der von den USA gesponserten Ausrüstung. »Abu Safiyya« ist dazu am Wort. »So viel Geld hat Amerika in den Kampf gegen den Islam gebuttert«, sagt er: »Das fließt nun in unsere Taschen. Sie haben den Krieg im Irak und in Afghanistan verloren. Nun ist Syrien dran.«

Nach der Sequenz leuchtet in grellem Rot auf schwarzem Hintergrund das Logo »Ende von Sykes-Picot« auf, untermalt vom Geräusch von zerbrechendem Glas. Ein tschetschenischer IS-Kämpfer tritt auf: »Es macht uns glücklich, dabei sein zu dürfen, wenn die Wälle der Unterdrücker zerstört werden, die vorher Muslime voneinander trennten. Sie haben das ›Kalifat‹ zerbrochen in Staaten wie Syrien oder den Irak und uns Gesetze aus Menschenhand aufgezwungen. Und nun errichten wir das Reich wieder. Die Zündschnur des Heiligen Krieges ist entfacht.«

Dieses Video wird zur Feier der Ausrufung des »Kalifats« durch die Terrormiliz »Islamischer Staat« produziert und verbreitet. Als am 29. Juni 2014 der Führer der Gruppe, Abu Bakr al-Baghdadi, in Mossuls größter Moschee als »Kalif Ibrahim« den »Islamischen Staat« proklamiert, löst dies politische Schockwellen aus. Was aus Anlass der Errichtung dieses »Kalifats« auf den Kanälen der Terrorgruppe verbreitet wird, ist ungewöhnlich und gleichzeitig aufschlussreich. Über Twitter werden die Jubelmeldungen der Online-Armada mit dem Hashtag #SykesPicotOver versehen. Binnen Wochen erobert die Terrormiliz »Islamischer Staat« ein Drittel des Irak, darunter die Millionenstadt Mossul, rückt bis 60 Kilometer an die Hauptstadt Bagdad heran. Gleichzeitig gelingt es dem gerade 35.000 Mann starken Terror-Heer mit Kämpfern aus aller Welt, die Hälfte des Territoriums Syriens zu besetzen. Doch nicht diese militärischen Triumphe werden zelebriert. Nach dem Territorium wird eine der zentralen politischen Positionen der Region okkupiert: der Widerstand gegen »Sykes-Picot«. »Ich war völlig überrascht, als ich einen Syrer, der ein vehementer Gegner des IS war, dabei beobachtete, wie gerührt er war, als er sah, wie die Wiedervereinigung der auf beiden Seiten lebenden Stämme zelebriert wurde«, so ein ehemaliger europäischer Diplomat, der in der Region tätig war und dem – wie vielen anderen – blitzartig die politische Sprengkraft des »Projekts IS« bewusst wurde.

Der IS kann vielleicht besiegt werden, doch was wird aus dem Gebiet, das er dann nicht mehr kontrolliert? Und was vor allem wird aus der politischen Kampfansage, dass die Grenzen Syriens und des Irak so nicht mehr gelten?

An dieser Frage wird deutlich, dass der kometenhafte Aufstieg der Terrorgruppe weniger Ursache als vielmehr Symptom der großen Krise Syriens ist. Spätestens mit der Offensive auf die Hochburg Mossul kristallisierte sich heraus, dass die Nachkriegsordnung im Irak genauso wie in Syrien die eigentliche »entscheidende Schlacht« in diesem Krieg ist. Der Begriff »Schlacht« ist hier im übertragenen Sinn gemeint. Ohne eine politische Lösung, mit der man es wagt, Tabus wie die Ordnung des Nahen Ostens nach dem Ersten Weltkrieg in Frage zu stellen, wird ein tragfähiger Frieden schwer zu erreichen sein. Das ist die Lektion des »Islamischen Staates«, die sich nicht darin erschöpft, ihn aus dem Territorium, das er hält, zu vertreiben.

Luftschläge gegen die IS-Miliz können eben nur die Folgen, aber nicht die Ursachen beseitigen. Die Angriffe beginnen im August 2014: Die USA und 60 verbündete Staaten nehmen die Kämpfer und die Bastionen des »Islamischen Staates« ins Visier. Auslöser ist der brutale Angriff des Terrorstaats auf die irakische Minderheit der Jesiden. Trotz der Armada, die einrückt, gelingt es erst nach zwei Jahren, nach 14.000 Angriffen, die Gruppe substanziell zu schwächen. Kostenpunkt pro Tag: knapp zehn Millionen Euro, insgesamt 7,6 Milliarden.

Wirkliche Fortschritte werden in Syrien allerdings erst erzielt, als kurdische Milizen hochgerüstet werden, die am Boden die vom IS gehaltenen Städte angreifen. Diese Strategie entpuppt sich allerdings als brisanter Eingriff in die ohnehin fragile Balance der Region und entfacht einen weiteren Konflikt. Die Türkei greift ein und das Chaos im Norden Syriens im Jahr 2016 bietet einen Vorgeschmack auf Kriege, die nach dem Syrien-Krieg drohen. Einmal mehr wird deutlich: Jene Fragen, die sich schon vor einem Jahrhundert gestellt haben, müssen beantwortet werden. Etwa: Wie sehen »faire« Grenzen aus, die dem Willen der Bevölkerung entsprechen? Und: Unter welchen Bedingungen lässt sich Demokratie schaffen? Die Beantwortung dieser Fragen wäre eine tatsächliche Basis für Stabilität. Obwohl Baschar al-Assad und sein Regime genauso wie die politischen und militärischen Führer der Opposition betonen, »um jeden Preis die Einheit Syriens erhalten zu wollen«, können sie keinen glaubwürdigen Plan dafür anbieten.

Nach mehreren Jahren Krieg ist Syrien faktisch zerfallen. Mit dem Kriegseintritt Russlands 2015 aufseiten Assads konnte dieser zwar zahlreiche Gebiete zurückerobern, darunter auch die Wüstenstadt Palmyra. Gelungen ist ihm das jedoch nur mit brachialer Gewalt, die verhindern wird, dass er in solchen Gebieten jemals als Präsident akzeptiert wird. »Syriens Bürgerkrieg ist der komplizierteste Konflikt, den ich jemals erlebt habe«, gibt CIA-Direktor John Brennan im Sommer 2016 bei der Sicherheitskonferenz in Aspen zu und lässt gleichzeitig durchblicken, dass die eigentliche Bewährungsprobe erst nach dem Krieg kommen wird: »Es wird mindestens eine Generation dauern, bis dieses außergewöhnlich wunderschöne Land wieder auf die Beine kommt.«

Das zerstörte Idyll von Rosen und Orangenblüten

Offen ist, ob Syrien den Krieg um sich selbst übersteht wird. Das Regime der Assads ist trotz anderslautender Rhetorik dazu übergegangen, das Land aufzuteilen: in ein »nützliches« Syrien, die Städte, um die es sich zu kämpfen lohnt, und den Rest. Doch es mag sein, dass Syrien als Einheit robuster ist, als es politisch und militärisch aussieht. Trotz des erbittert ausgefochtenen Machtkampfs hat die Kultur überlebt und bleibt, so wie der Stolz auf die historische Tiefe des Landes, als Anker einer gemeinsamen Identität intakt.

Die Journalistin Dalia Mortada trifft mit diesem Satz einen zentralen Nerv: »Es sind ihre typischen Geschmacksnoten, die die Syrer trotz all der Kämpfe weiter verbinden.« Während der Berichterstattung über den Bürgerkrieg hat sie diesen roten Faden in der Gesellschaft erkannt, und in einem Online-Projekt versucht sie nun zu erhalten, was Syrern Heimat ist: ihre Rezepte. Fleischbällchen in süß-saurer Kirschsauce, die Essenz von Damaszener Rosen oder jene von Orangenblüten in Süßspeisen.[11] »Zu kochen bedeutet, Heimat zu spüren. Da gibt es kaum Unterschiede zwischen den syrischen Gruppierungen«, betont Mortada und setzt dies in engen Bezug zur Geschichte. »Das Gebiet des heutigen Syrien war Teil des fruchtbaren Halbmondes, wo die Menschen die Landwirtschaft erfunden haben.«

Mittlerweile ist Syriens Küche Substitut für Heimat. Die Hälfte der 21 Millionen Syrer ist entwurzelt. Und egal, wohin sie sich retten, von Amstetten bis Amman, ist ein profanes Leitmotiv zu beobachten: Die Gelegenheit zu kochen wird ein erster Halt im Exil.

Solche letzte Reste »Syrien« werden allerdings mehr und mehr zur abstrakten Projektionsfläche. Das konkrete Land verwandelt sich in verbrannte Erde, aus dem die Menschen flüchten. Allein im Laufe des Jahres 2016 verlieren durchschnittlich 5000 pro Tag ihr Zuhause, insgesamt sind es bereits 900.000. Die Hälfte der 21 Millionen Syrer und Syrerinnen, die 2011 noch in dem Land lebten, sind auf der Flucht. Mehr als die Hälfte davon sind intern Vertriebene. Diese Zahl wächst, denn sukzessive werden die Grenzen der Nachbarstaaten für Flüchtlinge geschlossen. Knapp sieben Millionen konnten sich ins Ausland retten. Laut dem UN-Hochkommissariat für Flüchtlinge UNHCR sind 1,5 Millionen Syrer im Libanon untergekommen. Dort stellen sie bereits ein Viertel der Bevölkerung. 1,4 Millionen flüchteten nach Jordanien, 2,8 Millionen in die Türkei. In Europa stellten zwischen 2011 und 2016 fast 1,2 Millionen Syrer einen Asylantrag.[12]

Die im Land verbliebene Bevölkerung schlittert in Armut. Mit voller Wucht trifft es die Menschen in den Rebellengebieten, doch auch in den vom Regime gehaltenen Teilen Syriens herrscht immer größere Not. 13,5 Millionen Menschen brauchen Unterstützung, um ausreichend zu essen zu haben. Vier von fünf geraten unter die Armutsgrenze. Die Lebenserwartung sank seit Beginn des Krieges um ein Fünftel. Die wertvollsten Teile des Staates werden gezielt zerstört, meist auf Befehl von Präsident Assad selbst: 350 Mal werden Krankenhäuser, Ambulanzen und Lazarette angegriffen. 90 Prozent der Schläge gehen auf das Konto der syrischen Luftwaffe beziehungsweise ihrer russischen Verbündeten. Krankenhäuser, eigentlich ein manchmal letzter Zufluchtsort, werden so zu einer tödlichen Falle.[13]

Immer wieder müssen in den umkämpften Gebieten Schwerverletzte und Todkranke, mit Infusionsnadeln in ihren Armen, aus bombardierten Krankenhäusern unter freiem Himmel in Sicherheit gebracht werden. Nur wenige Stunden alte Neugeborene werden aus den Brutkästen gerissen. Ziellos irren die Menschen mit den schutzlosen Geschöpfen durch die Stadt. Tragen nach Luftangriffen Babys über Schutthalden, die einst Straßen waren, zum nächsten scheinbar sicheren Ort, nur um dort einmal mehr die fürchterlichste Tatsache dieses Krieges zu begreifen: Es gibt keinen Schutz mehr.

Laut Daten der Weltbank beläuft sich der Gegenwert der im Krieg vernichteten Häuser, Kraftwerke, Straßen, Krankenhäuser auf knapp 220 Milliarden Euro. 15 Prozent aller Kindergärten, Schulen und Universitäten liegen in Schutt und Asche. Zehntausende Universitätslehrer sind geflohen, zwei Millionen Kinder gehen nicht mehr zur Schule. Syrien liegt im eigentlichen und im übertragenen Sinn in Trümmern.

Empfindlich trifft das Regime ein Embargo der EU und der USA, 2010 gingen noch 90 Prozent der Exporte Syriens – vor allem Rohöl – in die EU.[14] Doch der eigentliche Keulenschlag ist der Krieg selbst. Um 40 Prozent schrumpfte die Wirtschaft seit Kriegsbeginn. Die Arbeitslosigkeit stieg im Landesdurchschnitt auf über 50 Prozent. Absolut betrachtet ist diese Zahl aber wenig aussagekräftig. In den von der Opposition gehaltenen, schwer umkämpften Gebieten liegt diese Rate bei über 90 Prozent.

Der Osten Aleppos zählt zu solchen in jeder Hinsicht verwüsteten Gebieten. Unter den sechs Großstädten Syriens ist diese Stadt, beziehungsweise der von der Opposition 2012 er-

oberte Teil, am schwersten vom Krieg getroffen: Die Wohn-
häuser sind zu Ruinen gebombt, die Hunderten Anlagen der
chemischen Industriezone schwer beschädigt. Genauso wie
die Gegenwart ist hier auch die Vergangenheit Opfer des Krieges. Die Altstadt Aleppos, ihr kunstvoll überdachter Souk
samt der prachtvollen Moschee ist ein menschenleeres Trüm-
merfeld. Der Zustand der Stadt ist eine Analogie zur Zerstörung der Menschen.

»Ich bin hier geboren, Aleppo ist ein Teil von mir. Es ist mein
Leben«, sagte Shamel al-Ahmad, wenn man ihn fragte, wie-
so er nicht wie Hunderttausende der Stadt den Rücken kehr-
te, als sich sehr viele von hier aus in die Türkei und nach Europa aufmachten. »Ich habe oft mit meinen Cousins geskypt, die
meinten, ›komm doch‹. Und habe lange darüber nachgedacht.«
Doch er, der Journalist und Fotograf, brachte es nicht übers
Herz. Er blieb mit seiner Frau und den beiden kleinen Kindern
in der umkämpften Bastion des Widerstandes: »Aleppo ist der
Mittelpunkt meines Lebens. Es ist meine Stadt. Wenn ich blei-
be und dokumentiere, was geschieht, dann hört dieser wahn-
sinnige Krieg vielleicht auf«, sagte der 31-Jährige. Mit seinen
Waffen kämpfte er für eine andere Zukunft Syriens: mit Ka-
meras, seinem Computer und den internationalen Journalisten als Verbündeten.

Er hat ihn verloren. Fast exakt zwei Jahre nach dem Archäologen Khaled As'ad, der »sein« Palmyra nicht aufgeben wollte, verliert Shamel al-Ahmad den Krieg um »sein« Aleppo. Er
und seine Frau werden beim Abwurf einer Fassbombe auf ihr
Wohnhaus Mitte August 2016 schwer verletzt. Sie ist im achten Monat schwanger, ihr Baby kann gerettet werden, doch es
sterben erst die Mutter, dann der Vater an den Verletzungen,
und ihre Kinder werden zu Waisen im Kriegsgebiet. Der Tod

der beiden Männer sind zwei individuelle Tragödien, die für Millionen weitere stehen.

Allein in der Woche vom 29. August bis zum 4. September 2016 – die Phase, in der nahezu rund um die Uhr internationale Diplomaten um einen Waffenstillstand ringen –, allein in diesen Tagen sterben in Syrien 419 Menschen, der überwiegende Teil Zivilisten, darunter 53 Kinder. Es sind mehr Menschen, als in einen sehr großen Passagierjet passen. Dabei ist dies nur eine beliebig ausgewählte Woche, die Opferbilanz ist »durchschnittlich«. In den folgenden Wochen verschärft sich die Lage nur noch mehr. 17 Friedensinitiativen sind da schon gescheitert. Die Katastrophe in der Katastrophe braut sich aber erst zusammen. Im Winter wird der Osten Aleppos zur Ruinenlandschaft gebombt. Alle Krankenhäuser sind außer Betrieb, die letzten Lebensmittelrationen aufgebraucht. Die Stadt ist eine tödliche Falle für fast 300.000 Menschen. Schutzlos sind sie lebensbedrohlichem Hunger und Bombenhagel ausgesetzt.

Hätte der Krieg geendet, als sich die Lage um Aleppo im Sommer 2016 zuspitzte, wären 170 Milliarden Euro nötig gewesen, um Syrien wieder aufzubauen – ein Krieg, der ausgelöst wurde durch ein Graffiti auf einer Schulmauer.

[2] Die Revolution der Kinder von Dara'a

19 Buben beschmieren im Februar 2011 eine Mauer ihrer Schule mit
Parolen gegen Baschar al-Assad. Sie werden verhaftet, brutal gefoltert.
Der Zorn über die Gewalt gegen sie entfacht einen Aufstand, der
zum Zündfunken der Revolution wird. Elf der Teenager stammen aus
einer der einflussreichsten Familien ihrer Heimatstadt Dara'a. Lange
aufgestauter Hass, Armut nach einer großen Dürre und die brutale
Unterdrückung der ersten Proteste erklären, warum sich der Konflikt so
rasch zuspitzt. Die Buben von Dara'a sind mittlerweile tot, frustrierte
Kämpfer, Flüchtlinge. Ein multilaterales Politik-Versagen im Jahr eins
der Revolution stellt die Weichen Richtung Eskalation. Schuld sind
alle: eine uneinige Opposition und ein Regime, das just gegen jene am
härtesten vorging, die friedlich demonstrierten.

»Du bist jetzt dran, Doktor«, sprüht der 15-jährige Moawayah
Sayashne auf die Betonwand der Abeer-Schule in der Stadt
Dara'a. Gemeint ist Dr. med. Baschar al-Assad, im Brotberuf
Augenarzt. Moawayahs gleichaltriger Schulkollege Baschir
Abazaid und 17 weitere Burschen verabreden sich zu dieser
Mutprobe nach dem Unterricht. Roten Spray haben sie mit-
gebracht, was schwierig war. Regimekritische Graffiti-Pa-
rolen haben gerade Hochkonjunktur. Deshalb ist ein Perso-
nalausweis nötig, um Sprühdosen zu erstehen. Die Käufer
werden registriert, ihre Namen vom Geschäft an den Geheimdienst weitergegeben. Deshalb haben sich die Teenager die
Farbe heimlich »organisiert«. Sie reicht für ein paar Graffitis.

38

»Das Volk will das System stürzen«, schreiben sie noch. Dreist sind sie und hinterlassen auch ihre Vornamen samt »bester Grüße«.[15] Später behaupten viele der Burschen, die damals zwischen zwölf und siebzehn Jahre alt waren, sie hätten zu der Zeit mit Politik nicht so viel am Hut gehabt. »Aber es fühlte sich richtig gut an, endlich die Stimme zu erheben«, erinnert sich Moawayah Sayashne Jahre später an diesen 16. Februar 2011. Unbedarft und fröstelnd rennen sie an dem Tag heim. Es ist ein frischer Tag und zu Hause ist viel los: Dort hat der »Arabische Frühling« begonnen. Im Wohnzimmer diese Live-Übertragungen zu sehen ist spannender, als in den Straßen der verarmenden Provinzstadt im äußersten Süden Syriens gelangweilt auf die Nacht zu warten.

80.000 Menschen wohnen in Dara'a, meist in gesichtslosen Betonbauten. Die Stadt ist administratives Zentrum einer Region, in der man lange Zeit sehr gut von der ertragreichen Landwirtschaft leben konnte. Aufgefettet wurde der Wohlstand durch Schmuggel – die Grenze zu Jordanien ist nur ein paar Kilometer entfernt. Doch die vergangenen Jahre setzten den Menschen hier trotz des »Zusatzeinkommens« arg zu. Eine Dürre, so schlimm, wie sie nur einmal in tausend Jahren vorkommt, machte den Bauern zu schaffen. Steinhart war die Erde. Erst vertrocknete die Landwirtschaft in der Umgebung, dann versiegten die Einkünfte der Geschäfte in Dara'a. Die Krise erfasste ganz Syrien. Das Jahr 2008 brachte laut Analysen von Experten der Vereinten Nationen eine der schlechtesten Ernten in der Geschichte. Bis 2011 gerieten 800.000 Menschen, die zuvor von der Landwirtschaft lebten, in bitterste Not.

Das nachlässige Krisenmanagement des Regimes verschärft die Lage. Weder werden Bewässerungsanlagen auf den aktu-

ellen Stand der Technik gebracht, noch federn soziale Maß-
nahmen den abrupten Einkommensverlust ab.[16] In der gesamten arabischen Welt nehmen vor 2011 soziale Spannungen zu,
doch die Syrer trifft es besonders hart. Global steigende Roh-
stoffpreise und die Liberalisierung der Wirtschaft verteuern
sprunghaft Treibstoff, Lebensmittel und so ziemlich alles, was
den Alltag am Laufen hält. Ein Drittel der Bevölkerung rutscht
unter die Armutsgrenze, die Arbeitslosenrate verdoppelt sich
im Jahrzehnt nach 2001. Korruption und verknöcherte Strukturen bremsen Investitionen in Unternehmen, und so entstehen viel zu wenige Jobs. Ein Viertel der 15- bis 24-Jähri-
gen hatte im Jahr 2011 noch nie Arbeit. Auf die 1,6 Millionen
Jugendlichen, die im Jahrzehnt zuvor in den Arbeitsmarkt
drängten, kommen gerade 400.000 neue Stellen.[17]

Der Präsident kündigte bei seinem Amtsantritt 2000 an,
Syrien zu öffnen. Doch es bleibt ein – was die Politik betrifft –
leeres Versprechen, einzig marktwirtschaftliche Veränderungen setzt er durch. Die neue Freiheit beschränkt sich also
darauf, zwischen Coca-Cola und Pepsi-Cola wählen zu können – sofern man es bezahlen kann. Das repressive »System«
bleibt intakt, und so behält Syrien seinen Rang als eines der
Länder in Nahost mit den geringsten Freiheitsgraden.[18] Es gibt
nur Staatsfernsehen, die Internet-Server werden vom Regime
kontrolliert, das auch unerwünschte Seiten blockiert. Trotzdem leiert der Informationsfluss das Gängelband unweiger-
lich aus. Technikfreaks schlagen für ihre Freunde Breschen
ins uneingeschränkte World Wide Web, Satellitenschüsseln
upgraden Fernsehgeräte zu Fenstern in eine andere Welt. So
sind auch die 19 Teenager von Dara'a, die nach dem Unterricht ihren Frust mit Hilfe von ein paar Spraydosen ablassen,
längst mit ihren Altersgenossen im Rest der arabischen Welt
synchronisiert: Unentwegt läuft in ihren Wohnungen Katars

Sender »Al Jazeera«, der seit Dezember 2010 jede Wende der Revolutionen des »Arabischen Frühlings« überträgt, den Ausbruchsversuch einer Generation aus ihrer Perspektivlosigkeit, der scheinbar klappt. Ein Wunder, eigentlich.

Warum Jugendliche das »System« brechen

Eine knappe Woche bevor Moawayah Sayashne und Baschir Abazaid sich samt ihrer Freunde auf der Schulwand verewigen, war ihnen so richtig die Luft weggeblieben. Szenen aus Ägypten liefen am 11. Februar 2011 ab dem Vormittag in Dauerschleife mit »Breaking News«-Insert. Lediglich 18 Tage vergingen zwischen den ersten Demonstrationen und dem Rücktritt des Langzeitpräsidenten Hosni Mubarak. Als sich die Nachricht verbreitet, stimmen Demonstranten auf Kairos Tahrir-Platz Jubelchöre an. Einen Monat zuvor hatten Massenproteste Tunesiens Präsident Ben Ali ins Exil getrieben. Und nun, gleichzeitig mit den Nachrichten aus Ägypten, sickern Berichte von einem beginnenden Aufstand gegen Libyens Muammar Gaddafi durch.

Die Jugendlichen erleben, wie solche Nachrichten ihre Eltern verändern. Der Alltagssarkasmus weicht. Gespannt und ängstlich starren sie in die TV-Geräte. Sind Verwandte zu Gast, werden in vorsichtigem Tonfall Neuigkeiten aus Damaskus diskutiert. Von »nur kleine Grüppchen« ist die Rede, »aber immerhin, es gebe erste Proteste in der Altstadt«, organisiert von »lokalen Organisations-Komitees«. So etwas sei extrem gefährlich, denn Syrien sei anders, nicht Ägypten oder Tunesien.

In etwa so sieht das auch Präsident Baschar al-Assad: »Syrien ist anders. Im Vergleich zum Rest der arabischen Welt sind wir mit viel schwierigeren Umständen konfrontiert«, sagt er am 31. Januar 2011 in einem Interview mit dem »Wall Street Journal«[19]: »Aber trotzdem ist Syrien stabil. Warum? Weil wir direkt in Kontakt mit den Menschen und ihren Bedürfnissen stehen.« Wortreich präsentiert er sich als Mann der Reformen, redet von Jobs und Chancen für die junge Generation. »Weichgespült klang der Präsident, als die Revolutionen im Rest Arabiens anfingen. Nach außen hübsche Sätze, nach innen weiterhin Druck, Druck und wieder Druck.« Mit sehr viel Bitterkeit blickt der 58-jährige Jamal Alkrad auf diese so entscheidende Phase für seine Heimat zurück. Der einst wohlhabende Bauer aus einem Dorf nahe Dara'a ist als mittelloser Flüchtling in Jordanien gestrandet. So wie ein Neffe, Mohammed Alkrad. Faktisch unter Hausarrest lebt der junge Mann mit den Eltern in der Grenzstadt Ramtha. Mohammed war damals, im März 2011, zwölf Jahre alt und einer der jüngsten von jenen, die auf die Mauern der Abeer-Schule Graffitis sprühten. »Unsere Kinder waren der Schlüssel, um die Tür endlich zu öffnen. Uns allen hat es längt gereicht.« Jamal Alkrad wird immer noch fuchsteufelswild, wenn er an seinen Alltag im »System« zurückdenkt: »Dara'a ist eine Grenzregion, deshalb galten Sondergesetze, etwa beim Verkauf von Land. Als ich ein Grundstück loswerden wollte, um ein wenig Geld zu beschaffen, damit wir trotz der Ernteausfälle die Rechnungen zahlen können, musste ich beim Geheimdienst um Erlaubnis fragen. Die Beamten der Abteilung für Staatssicherheit unserer Provinz sagten eiskalt: ›Nein.‹ Dann aber: ›Vielleicht.‹ 50.000 Pfund, das war damals viel Geld, so etwa 2000 Euro, haben sie mir für die Bewilligung abgeknöpft. Einfach so.«

Aus »Sicherheitsgründen« ist in der Grenzregion auch der Verkauf von Düngemitteln verboten, obwohl Landwirtschaft die zentrale Lebensader ist. Aber auch da helfen Bestechungsgelder an die Mitarbeiter des Geheimdienstes weiter. In Dara'a, eine Region, die fast ausschließlich von Sunniten bewohnt ist, ist dieses »Amt für Staatssicherheit« ausschließlich mit regimetreuen Alawiten aus Damaskus besetzt. Durchwegs sind es gute Bekannte von Atef Najib, dem Boss der Staatssicherheit in Dara'a und Cousin von Präsident Assad. Als Mini-Despot brachte er mit Willkür, Schikanen und Korruption die Leute jahrelang gegen sich auf.[20]

Im Folterkeller für ein Graffiti

Als Offiziere aus dem Umfeld von Atef Najib am 17. Februar 2011 in der Abeer-Schule auftauchen, ist dies kein gutes Omen. »Da kamen nicht irgendwelche Polizisten«, erzählt der ehemalige Schulwart, der bittet, nur als »Abu Nassr« zitiert zu werden. Der 60-Jährige betrieb auch einen Kiosk nebenan. Von dort aus beobachtete er die Graffiti-Aktion. Aber er habe, behauptet er, den Mund gehalten. »Die Geheimdienst-Offiziere beauftragten mich damit, jeden einzelnen Schüler, das waren immerhin über 500, nach und nach in einen Raum zu bringen, damit sie mit Schriftproben ermitteln konnten, wer die Parolen an die Wand geschrieben hatte. Das war ja absurd. Diese Kinder haben ihre Slogans eh unterschrieben. Ich glaube, die wollten uns zeigen, wie ernst sie das nehmen.«

In den folgenden Tagen werden alle 19 Burschen ausgeforscht, die bei der Sprühaktion dabei waren, und verhaftet. »Um vier Uhr morgens am 24. Februar 2011 klopfte die Polizei an unser Haus. Wir waren wie gelähmt vor Angst«, schildert Moawayah Sayashne: »Meine Eltern zögerten, ich war ja erst knapp 15 Jahre alt, viel zu jung, um abgeführt zu werden. Aber dann drohten sie, meine anderen Brüder auch mitzunehmen. Deshalb holten sie mich aus meinem Zimmer.« Nur wenige Minuten, nachdem er auf der Polizeistation ankommt, beginnt die Folter. »Sie quälten mich vom ersten Moment an mit Elektroschocks. Es waren sehr finstere Nächte, die ich danach erlebte. Sie bestraften mich so hart, als hätte ich etwas sehr, sehr Schlimmes verbrochen.« Bald werden die Burschen ins Hauptquartier des Geheimdienstes in Dara'a verlegt. Direkt zu Atef Najib. »Auf seinen Befehl hängten sie uns an eine Wand. Schläge, Elektroschocks. Er machte mit. ›Wer steckt hinter euch. Wer hat euch befohlen, das zu tun‹, brüllte er dabei.« Drei Mal werden die Jungen an einen neuen Ort gebracht, zuletzt in einen Hochsicherheitskerker in Damaskus. »Sie prügelten unentwegt auf uns ein. Wenn sie uns etwas zu essen gaben, wenn wir auf die Toilette mussten. Immer«, beschreibt Baschir Abazaid die Tortur: »Die Schuhbänder haben sie uns genommen, damit wir uns nicht erhängen können. Einer der Buben bekam innere Blutungen, so heftig schlugen sie ihn in den Bauch. Besonders hatten sie es auf die Finger abgesehen. Sie droschen ein, bis die Nägel ausfielen. Damit wir nie wieder etwas schreiben können, sagten sie.«

Wochenlang wissen die Eltern nicht, was aus ihren Kindern geworden ist. »Schlussendlich haben 25 unserer Scheichs bei Najib vorgesprochen«, erzählt Yassin Abazaid. Der Mitfünfziger gehört wie 11 der 19 verhafteten Teenager zur sunnitischen Großfamilie der »Abazaid«. Sie ist Teil der traditionellen politischen Elite Dara'as, die nach der Machtergreifung der Assads ins Abseits gedrängt wurde. »Was Najib unseren Kindern antat, war ein gezielter Affront gegen uns alle«, so Yassin Abazaid: »Eine Demütigung unserer Ehre. Vermutlich haben sie unsere Buben auch deshalb so hart rangenommen, weil unsere Familie den Aufstand von 1982 in Hama unterstützte.« Was passiert sei, sei aber mehr als ein später Racheakt gewesen: »Eine regelrechte Kriegserklärung«, sagt Abazaid, »vor allem das, was Atef Najib dann zu unseren Leuten sagte«. »Vergesst eure Kinder«, wird der Geheimdienst-Chef später zitiert: »Geht nach Hause zu euren Frauen und macht neue. Wenn ihr es nicht schafft, dann schickt sie uns, wir kümmern uns darum.« Ob der Satz so gefallen ist, lässt sich weder beweisen noch widerlegen. Er wurde aber zum Inbegriff der Empörung. Die erste Aufwallung des Zorns richtete sich in Dara'a dann auch nicht gegen das Regime, sondern gegen dessen Statthalter, der absichtlich oder fahrlässig die Lage in Dara'a anstachelte.

Die ersten Proteste und die ersten Toten

Die Bewohner beben vor Zorn, am darauffolgenden Freitag entlädt er sich und entzündet den Aufstand in ganz Syrien. Die Proteste in Dara'a beginnen, als sich am 18. März 2011 am frühen Nachmittag zirka 50 Männer auf die Omari-Moschee im Zentrum zubewegen. Unter ihnen ist ein Aktivist, der schon an kleinen Protesten in Damaskus beteiligt war. Er wagt den ersten Ruf: »Gott ist groß. Nieder mit dem Regime.« Als die anderen einstimmen, ändern sich die Schlachtrufe, »Weg mit Najib«, »Gebt unsere Kinder frei«, skandieren sie. Sie erreichen die Omari-Moschee im Zentrum, just als dort die Predigt endet und Hunderte das Gebetshaus verlassen. Spontan schließen sie sich der Demonstration an und bilden den ersten großen Protestmarsch Syriens. Von der Moschee ziehen sie zum Hauptquartier für Staatssicherheit. Und dort eröffnen binnen weniger Minuten Sicherheitskräfte das Feuer auf die Menge. Zwei der Demonstranten sterben sofort, zwei weitere in den nächsten Tagen: Sie sind ersten Toten des Syrien-Konflikts.

Deren Begräbnisse am nächsten Tag schwellen zu Kundgebungen mit Tausenden Beteiligten an. Gleichzeitig gehen in Syriens drittgrößter Stadt Homs, in Damaszener Vororten bis nach Qamischli im Nordwesten die Menschen auf die Straße. »Menschen in Dara'a, wir stehen zu euch«, so die zentralen Parolen. Abermals schießen Sicherheitskräfte in Dara'a wahllos in die Menge. Die Spirale beginnt sich in rasantem Tempo zu drehen. Noch mehr Tote, noch mehr Begräbnisse, noch mehr Kundgebungen. Steine fliegen gegen die Sondereinheiten der Geheimdienste und der Polizei. Es sind aber nicht die früheren Zentren des Widerstandes in Syrien, wo nun am lautesten aufbegehrt wird. Das eben noch verschlafene und verarmte Provinznest Dara'a bleibt das Epizentrum.

Das ist kein Zufall. Der Beginn des Aufstandes gibt den Blick auf die Wurzeln frei. Eine Wirtschaftskrise, die vor allem auf dem Land zu schweren Existenznöten geführt hat, aufgestaute Wut über die vom Regime eingesetzten Verwalter. Geschürt wird der Funke durch Brutalität, aber auch durch das Versprechen, das exakt zum Ausbruch der Unruhen Mitte März 2011 in der Luft liegt: dass es einen »Westen« gibt, der eingreift. »Es war ein Moment, in dem ich mir dachte: Jetzt packen wir es«, sagt Malik, ein 30-jähriger Bauingenieur aus Dara'a, ein Jahr später: »Ich hatte im Fernsehen gerade mitbekommen, dass die NATO in Libyen aufseiten der Demonstranten eingegriffen hatte, als die erste Kundgebung bei uns begann. Jetzt oder nie, dachte ich mir und lief zum ersten Mal auf die Straße. Der Westen wird uns helfen.« In dem Moment, als er, umringt von anderen Demonstranten, aufzubegehren wagte, »da war die Angst sekundenschnell verflogen. Nach dem ersten Ruf kam die Würde zurück. Zum ersten Mal fühlte ich mich als vollwertiger Bürger.«

In einem viel zu späten Versuch, die Lage wieder unter Kontrolle zu bringen, werden die 19 inhaftierten Buben jetzt entlassen. Doch die Revolution ist nicht mehr zu stoppen. Aktivisten bilden ein landesweites Info-Netzwerk. Sie filmen Demonstrationen, die Angriffe, stellen Videos ins Internet, koordinieren die nächsten Kundgebungen. Für den 25. März 2011 wird die Losung »Freitag der Märtyrer« als Parole der landesweiten synchronen Proteste ausgegeben. Dass dies binnen einer knappen Woche möglich war, ist ein Indiz dafür, dass sich vor dem Ausbruch der Unruhen in Dara'a im Untergrund bereits Widerstand formiert hatte, der die Entladung der Wut in Dara'a in einen Sturz des Systems kanalisieren wird.

Ein Land bricht auf

Doch Syrien ist tatsächlich anders als Ägypten, wo die Armee ihren Präsidenten fallen lässt, oder Tunesien, wo sich die Proteste in der Provinzhauptstadt Sidi Bouzid ungebremst bis ins Herz der Hauptstadt Tunis ausdehnen. In der Innenstadt von Damaskus rotten sich an den Freitagen Claqueure des Regimes zusammen. Doch es sind nicht nur mutmaßlich extra angeworbene Aktivisten, die in den Straßen ostentativ Einigkeit mit dem Assad-Regime demonstrieren. Gut situierte Städter, gleich welcher Konfession, die in der Innenstadt von Damaskus oder Aleppo wohnen, gehen in Deckung. Vor allem sind es die Gebiete, in denen mehrheitlich Alawiten und auch Christen wohnen, etwa die Küstenregion zwischen Tartus und Latakia, die immun gegen den aufkeimenden Widerstand zu bleiben scheinen. Es ist vor allem Angst, die hier die Menschen in Schach hält. Angst oft vor beiden Seiten: vor der aus ihrer Sicht völlig unberechenbaren Opposition und vor dem mindestens ebenso unberechenbaren Regime, das nun seine besonders gefürchteten Schattenarmeen mobilisiert: die paramilitärischen Schabiha-Gangs und Milizen der Baath-Partei.

In jenen Teilen Syriens, in denen sich die Proteste ausbreiten, agieren diese Gruppen wie auch Sondereinheiten der Armee von der Stunde null der Revolution an mit ungezügelter Gewalt. So stürmt wenige Tage nach den ersten Kundgebungen das Militär die Omari-Moschee in Dara'a. Verletzte Demonstranten, die sich nicht ins staatlich geführte Krankenhaus wagen, sind hier untergebracht. Kurz danach wird auch das Krankenhaus angegriffen. Bevor die Soldaten das Feuer eröffnen, werfen sie Handgranaten ins Gebäude. Fünf Menschen sterben, unter ihnen der Kardiologe Ali al-Mohammed, ein sehr beliebter Arzt. Sein Begräbnis mobilisiert dann auch wohlhabendere Schichten Dara'as, die zögerten, sich den Protesten anzuschließen.

Augenzeugen[21] berichten, dass die »vierte Armeedivision« bei der Stürmung des Krankenhauses im Einsatz war. Die Einheit steht de facto unter dem Kommando von Maher al-Assad, dem Bruder des Präsidenten, einem berüchtigten Hardliner, und wird anfangs als Speerspitze gegen den Aufstand eingesetzt. Es ist der neue Name jener Einheit, die 1982 den Aufstand der Muslimbruderschaft in Hama niedergeschlagen hat. Mitte April wird Dara'a von der syrischen Armee belagert und massiv angegriffen. Erstmals wird die Taktik angewandt, eine Hochburg des Widerstandes in die Knie zu zwingen. Und am Ende des Monats wird die erste Opferbilanz der Unruhen bekannt: Tausend Tote forderten bereits die ersten vier Wochen des Aufstands.

Gleichzeitig kündigt Baschar al-Assad im April 2011 sofortige Reformen an, hebt den seit 1963 geltenden Ausnahmezustand auf, betont, alles für ein vereintes Syrien tun zu wollen. Es scheint, als ob er sich versehentlich in einem unentschlossenen Zick-Zack-Kurs verheddert. Denn gleichzeitig gibt er den Befehl, mit roher Gewalt auch gegen unbewaffnete Demonstranten vorzugehen, Stadtviertel unter der Kontrolle der Opposition werden gestürmt und belagert. Er reizt aus, wie weit er gehen kann, wie lange seine Rhetorik und nicht die Taktik der Armee die Wahrnehmung im Rest der Welt bestimmt.

Mitte 2011 finden bereits in Hunderten Städten Syriens Kundgebungen satt. »Wir lassen uns nicht in die Knie zwingen«, lauten jetzt die Mottos der Freitags-Demonstrationen, die nun zentraler Ritus des Aufstandes sind. Millionen gehen bereits auf die Straße. Trotz der Zuspitzung fokussieren sich ihre Forderungen nach wie vor auf einen Wandel des Regimes, nicht auf dessen Ende. Noch könnten beide Seiten viel retten. Es gibt aber keine nennenswerten internationalen Bemühungen, die einen Dialog fördern würden. Nach einer unverbindlichen Ermahnung des Regimes durch den UN-Sicherheitsrat im April 2011 verstreichen Monate, bis die Vereinten Nationen aktiv werden. Zusätzlich ändert sich die Strategie des Widerstands. Ab April 2011 tauchen bewaffnete Gruppen auf, die angeben, »die friedlichen Demonstranten schützen zu wollen«. Aus Sicht des Assad-Regimes ist deren Präsenz Beweis, dass der Aufstand von Anfang an bewaffnet war. Ein Vorwurf, den die Oppositionellen heftig bestreiten. Doch jene, die für Gewaltfreiheit eintreten, geraten auf verlorenen Posten. Am 29. Juli 2011 gibt die Freie Syrische Armee per Video-Botschaft auf sozialen Netzwerken im Internet ihre Gründung bekannt, die die Weichen hin zu einer militärischen Eskalation stellt.

Wie ein Krieg entsteht

Zur Zäsur werden die Ereignisse in der Stadt Hama, wo nur wenige Tage nach den ersten Kundgebungen in Dara'a besonders große Proteste stattfinden. Am Beginn des Fastenmonats Ramadan wird die 800.000-Einwohner-Stadt – just der Schauplatz der Niederschlagung des Aufstandes von 1982 – von vier Seiten gleichzeitig angegriffen. Am 31. Juli 2011 rollen Panzer in die Stadt, gefolgt von Infanterie. Mindestens hundert Menschen sterben. Um die Massenproteste zu schützen, haben die Organisatoren zuvor Checkpoints errichtet, bemannt mit leicht bewaffneten Aufpassern, die aber sang- und klanglos überrollt werden.[22] Fast jeder der Teilnehmer hat Familienangehörige, die bei den Unruhen 1982 umgekommen sind oder verletzt wurden. Umso schlimmer wirkt das nun aktivierte Trauma in der Stadt.

Weltweit schlägt dieser Moment heftige Wogen. Die damalige EU-Außenbeauftragte Catherine Ashton reagiert auf die Ereignisse wutentbrannt, sagt, dem Regime Assad sei jegliche Legitimation abhanden gekommen. Auch solche Worte schüren das Gefühl, sich wehren und systematisch bewaffnen zu müssen, um das Regime vor weiteren Angriffen abzuhalten und mit Rückendeckung im Ausland rechnen zu können. Auch in der drittgrößten Stadt, in Homs, geht die Armee nun mit brachialer Gewalt vor. Spontan formiert sich hier das Farouq-Bataillon, das zum Nukleus einer der schlagkräftigsten Rebellen-Fraktionen, den landesweit aktiven Farouq-Brigaden, wird. Teilen dieser Miliz gelingt es, ein Viertel im Zentrum der Stadt über Monate immer wieder auch gegen schwere Angriffe zu verteidigen. Homs löst im zweiten Kriegsjahr Dara'a als Zentrum des Widerstands ab und wird zur zentralen Rebellen-Hochburg und zum Schauplatz der ersten schweren militärischen Eskalation im Winter und Frühling 2012.

Der Begriff Freie Syrische Armee, FSA, für die Allianz solcher lokalen Rebellen-Gruppen ist irreführend. Es klingt, als gebe es eine geschlossene militärische Bewegung mit klarer Hierarchie und durchlässigen Befehlsstrukturen. Die Realität sieht anders aus. Es ist ein heterogenes Geflecht von Kämpfern. Einige Gruppen dieser FSA rekrutieren sich fast ausschließlich aus Deserteuren der syrischen Armee. 400.000 Mann stark ist Assads Heer im Jahr 2011. Die Mehrheit der »Fußsoldaten« sind Sunniten, von denen sich viele weigern, auf Befehl von Assad-treuen, oft alawitischen Vorgesetzten in den Krieg gegen die eigenen Leute zu ziehen. Riad al-Asaad, ein ehemaliger Hauptmann der syrischen Armee, tritt in dem Gründungsvideo als »Oberster Kommandant der Freien Syrischen Armee« auf und verwendet als erster diesen Namen.[23] Zu diesem Zeitpunkt gibt es bereits über 1500 verschiedene Rebellen-Milizen, die lokale »Militärräte« formieren, mit einem »Obersten Militärrat« an der Spitze, doch solche Versuche haben wenig faktische Relevanz. Nach und nach zerfällt diese Struktur, und »FSA« wird zum Synonym für Gruppen, die als moderat gelten.

Bemerkenswert ist, dass die Eskalation im Herbst 2016 für ein Wiedererstarken der »alten« FSA-Strukturen im Norden Syriens sorgt. Diese Reaktivierung verläuft synchron mit der wachsenden Bereitschaft des Westens, vor allem der USA, in die Bewaffnung der FSA zu investieren. Der Aufbau der Truppe wird als »Plan B« zum Scheitern der diplomatischen Bemühungen angeführt und in US-Regierungskreisen heißt es im Oktober 2016, dass es nun gelungen sei, eine politisch moderate Kraft aufzubauen. Die beiden offenen Fragen, die sich nun aber stellen, lauten: Wie politisch verlässlich sind diese

Gruppen und was geschieht, wenn sie in eine direkte Konfrontation mit Russland geraten?[24]

Eine Ausnahme bildet in all den Jahren die FSA im Süden Syriens, der Militärrat Dara'as. Während im Rest Syriens die Rebellen ihre Namen, Allianzen und Ideologien laufend ändern, übersteht diese FSA-Fraktion Jahre des Bürgerkriegs. Sie kann auch die erstarkten Dschihadisten in der Gegend im Zaum halten. Zwei Faktoren spielten hier eine Rolle: Zum einen verlief in dieser Provinz die hochmunitionierte Verteidigungslinie in Richtung Israel. Beim Ausbruch der Unruhen waren hier 90.000 Soldaten stationiert. Die meisten stammten aus der Region und es gab deshalb überdurchschnittlich viele Deserteure, die zu Rebellen wurden und auch ihr in dieser Gegend sehr hochwertiges Kriegsgerät mitnahmen. Zum anderen verliefen in Dara'a die Strukturen der Rebellenverbände entlang der Großfamilien, die besonders angesichts des »Gründungmythos« für Geld und Unterstützung der Gruppen warben. Diese Einbindung sorgte aber auch für einen hohen Grad an Resistenz gegenüber extremistischen Einflüssen.

Dies ist nicht erst 2016, sondern schon 2011 die zentrale Frage und bleibt es auch: Wie »tickt« die FSA? Gibt es eine einheitliche Linie der vielen Milizen? Die wenigstens formale Eingliederung in die Freie Syrische Armee verspricht in der Anfangsphase des Konflikts Zugang zu Waffen. Wenigstens theoretisch. Denn bald stellt sich heraus, dass besonders großzügige Lieferanten, die Türkei, Katar, Kuwait und vor allem Saudi-Arabien darauf achten, dass islamistischen Strömungen am kräftigsten unter die Arme gegriffen wird. Über sogenannte »Operationsräume«, die in Jordanien und der Türkei gebildet werden, läuft die Koordinierung der FSA-Gruppen mit ihren ausländischen Verbündeten. Lange wird geheim gehalten, dass die USA über das CIA-Programm »Timber Sycamore« schon in der Frühphase mitmischen.[25] Doch diese Unterstützung erfolgt halbherzig und kann den Einfluss der Ideologie der anderen Sponsoren nur wenig abfedern. Auch Europa hat dem wenig entgegenzusetzen. »Während europäische Regierungen, auch die deutsche, zu den ersten gehörten, die vollmundig die Absetzung Assads forderten, folgten auf die Worte keine Taten«, so die heftige Kritik Wolfgang Ischingers, des Grand Seigneurs der deutschen Sicherheitspolitik.[26] Man habe einen Flächenbrand befürchtet, würde man auf die falschen Kräfte setzen. »Wie in jedem Bürgerkrieg radikalisierten sich die Kräfte mit seiner Dauer.« Die anfangs moderate Opposition sei zerrieben worden, in die Hände der Extremisten getrieben.

Parallel zur FSA formiert sich 2011 die »Syrische Islamische Front«, die auch als übergeordnete Allianz auftritt. Nicht nur Ex-Soldaten der Assad-Armee kämpfen im Widerstand. Es wächst eine meist sehr junge Generation von Kämpfern heran, die schlecht ausgebildet und trainiert sind und in verarmten und sehr konservativen Dörfern aufgewachsen sind, wo Widerstand gegen das Regime Assad schon lange vor Ausbruch der Revolution unter islamistischen Vorzeichen stand. Mit der aufmüpfigen urbanen Elite, den Studenten, die in Damaskus mit sehr viel Kreativität den pazifistischen Widerstand propagieren, haben sie herzlich wenig gemein. Sie sind eher empfänglich für extremistische Slogans.

Vor allem Saudi-Arabien nutzt dies aus und exportiert nicht nur Waffen nach Syrien, sondern auch die ultrakonservative Ideologie des Königshauses. Dieser »Wahhabismus« unterscheidet sich in den theoretischen Grundlangen kaum vom »Dschihadismus«. Diese dogmatisierte Verklärung des Heiligen Krieges samt einer engstirnigen Interpretation der Rechtsquellen des Islam beansprucht für sich, den »einzig wahren Islam« zu praktizieren. Jene, die davon abweichen, seien »Ungläubige«: Besonders Schiiten und Alawiten sind da gemeint. Im eskalierenden Konflikt Syriens sind solche Positionen verheerend.

Unterdessen versäumt es der Westen, die Balance zu ändern und rechtzeitig moderate Kräfte zu unterstützen. Diese verfügen weder über politischen Rückhalt und kaum über Munition und Waffen, während islamistisch orientierte Gruppen hochgerüstet werden. Und diese Gruppen erhalten auch Unterstützung von unerwarteter Seite.

Assad, al-Nusra und der »Islamische Staat«

Im Mai 2011 veröffentlicht Baschar al-Assad das »Dekret 61«. Es ist ein Bescheid für eine Amnestie, die – so der Wortlaut – »für alle Mitglieder der Muslimbruderschaft sowie Gefangene anderer islamistischer Gruppen« gilt. 300 syrische Veteranen der Terror-Gruppe »al-Kaida im Irak« kommen dank dieses Dekrets von einem Tag auf den anderen frei. Kaum sind die Terroristen aus der Haft entlassen, wird ein berüchtigter Geheimdienstagent wieder aktiv: Ein ehemaliger Oberst des Geheimdienstes Saddam Husseins organisierte von 2003 bis 2009 im Auftrag des syrischen Regimes die Reise ganzer Kontingente von al-Kaida-Kämpfern ins Nachbarland. Das Kalkül dahinter: Der Irak-Krieg sollte für die USA möglichst verlustreich werden, so verringere sich das Risiko eines Angriffs auf Syrien. Ex-Getreue von Saddam Hussein waren hier willige Erfüllungsgehilfen.

Unter seinem Kampfnamen »Haji Bakr« schließt sich dieser reaktivierte Geheimdienstler im Revolutionsjahr 2011 mit der

Gruppe »Islamischer Staat im Irak« kurz.[27] Dies ist der aktuelle Name des dortigen al-Kaida-Ablegers, geführt wird er von Ibrahim Awad Ibrahim, der unter seinem Alias-Namen »Abu Bakr al-Baghdadi« eine Schlüsselrolle im Syrien-Konflikt spielen wird. Ziel ist es, nun eine syrische al-Kaida-Fraktion zu bilden. »Haji Bakr« schickt deshalb den eben freigelassenen Mohammed al-Golani im August 2011 zu al-Baghdadi, um diese neue Gruppe zu planen. So entsteht die »Dschabhat al-Nusra«, auf Deutsch »Verteidigungsfront«, deshalb abgekürzt »Nusra-Front«, al-Golani wird ihr syrischer Kommandant. Ab Januar 2012 greift diese Gruppe aktiv in den aufflammenden Bürgerkrieg ein. Ihre Waffen der Wahl sind Selbstmordanschläge gegen zivile Ziele in den von Assad kontrollierten Teilen Syriens und gegen Regime-Truppen. Rasch wird diese Truppe zur schlagkräftigsten Miliz, Unterstützung aus der Türkei und aus Katar fließt, und die FSA gerät ins Abseits.

Im April 2013 verkündet Abu Bakr al-Baghdadi die Union beider Gruppen: Der »Islamische Staat im Irak und Scham« – ISIS – entsteht. Auf Arabisch nennt sich die Gruppe »ad-Dawla al-Islamiya fil-Iraq wasch-Scham«: Das Akronym dazu lautet Dae'sch, eine Bezeichnung, die häufig für die Gruppen verwendet wird, weil sie einen abwertenden Unterton durchklingen lässt. Die Union zerbricht allerdings binnen Tagen an der Frage, wie man es künftig mit dem globalen al-Kaida-Bündnis halten werde. Der Führer der Nusra-Front will in dieser ISIS-Formation erneut dem al-Kaida-Führer Ayman al-Zawahiri den Treueeid schwören, aber al-Baghdadi verweigert dies. Die Gruppen spalten sich und es entstehen zwei brandgefährliche Milizen: Der »Islamische Staat«, der weltweit Anschläge verübt, und die »Nusra-Front«, ein al-Kaida-Ableger, der die Rebellen verändert. Am 30. Mai 2013 werden beide vom UN-Sicherheitsrat als Terrorgruppe eingestuft.

Bashar al-Assads Kalkül geht somit abermals auf. Ab den ersten Minuten des Aufstandes nannte er die Demonstranten »Terroristen, die vom Ausland gesteuert werden«. Er bekämpfe keine Demokratie-Anhänger, sondern Extremisten. Spätestens zwei Jahre später glaubt ihm jeder.

Und wer ist eigentlich die Opposition?

»Es war der Gipfel des Zynismus«, sagt die in London lebende Exil-Syrerin Leila al-Shami: »Assad lässt die Terroristen laufen und gleichzeitig sperrt er Zehntausende völlig friedliche Aktivisten ein. Damit hat er massiv die Balance innerhalb der Opposition verändert.« Für ihr Buch, das sie im Frühling 2016 veröffentlicht hat, recherchierte die Menschenrechtsaktivistin die Anfänge und die weitere Entwicklung jener Basis-Gruppen, die eigentlich am Beginn der Revolution standen.[28]

In den Monaten nach dem Aufstand in Dara'a versuchten diese Aktivisten in den von der Opposition kontrollierten Gebieten die Basis für ein neues Syrien zu legen. »Es entstanden Zeitungen, unabhängige Radiostationen. Man hat ihnen das nicht zugetraut, dass sie in diesem Regime aufgewachsen sind und so viel Kreativität und Offenheit für Demokratie zeigten.« Aus Leila al-Shamis Sicht und der vieler politischen Aktivisten war die Bewaffnung der Opposition ein Fehler, ein »sehr schwerer Fehler«, wie sie betont: »Das Prinzip der Gewaltfreiheit war enorm wichtig. Doch gleichzeitig: Hatten sie wirklich eine echte Wahl? Die Militarisierung entstand in einem Moment, als auf unbewaffnete Demonstranten geschossen wurde. Die Entscheidung wurde unter Feuer getroffen.« Gescheitert, sagt sie, sei in erster Linie die Exil-Opposition, die

Verantwortlichen des »Syrischen Nationalrates«. Ihnen sei es nicht gelungen, ausreichend diplomatischen Druck aufzubauen, um wirklich gezielt an einer politischen Lösung arbeiten zu können.

Ebenso problematisch war die Zusammensetzung dieser »Exil-Regierung«. Minderheiten, kurdischen Vertretern, aber besonders den Alawiten wurde zu wenig Spielraum eingeräumt. Außerdem dominierte schon kurz nach der Gründung der politischen Allianz im Augst 2011 die syrische Muslimbruderschaft die Gruppe. »Die Islamisten diktieren hier alles«, begründete Kama Lebwany, ein Dissident, der zum Block der Säkularen zählte, warum er bereits 2012 austrat. In diesem Jahr wurde die »Nationale Koalition der syrischen und oppositionellen Kräfte« als Sammelbecken gegründet, in der auch die lokalen Organisations-Komitees neben dem Nationalrat vertreten waren. An den Schwierigkeiten und Zwistigkeiten änderte dies wenig. Die internen Debatten entzündeten sich an der Frage des Einflusses der Türkei, Saudi-Arabiens und Katars sowie an der mangelnden Fähigkeit, Anliegen der Bevölkerung in Syrien selbst zu vertreten.[29] Das wahrscheinlich größte Problem war aber, dass es nicht gelang, eine Führungspersönlichkeit zu etablieren, der zugetraut wurde, das zerrissene Syrien wenigstens übergangsmäßig zu regieren. Die Kluft zwischen politisch aktiven Syrern, die mitunter Jahrzehnte im ausländischen Exil verbracht hatten, und den spontan politisierten Aktivisten im revolutionären Syrien blieb groß, vergrößerte sich sogar angesichts der wachsenden Eskalation.

Dazu gab es eine dritte Gruppe: den Block der sogenannten vom Regime »geduldeten Opposition«. Damit sind politische Gruppen und Aktivisten gemeint, die trotz der Assad-Herrschaft in Syrien blieben und auch zum Zeitpunkt des Ausbruchs der Revolution zu einem Gutteil noch im Land waren, allerdings wenig am Aufstand beteiligt waren. Der »Damaszener Frühling«, der auf die Amtsübernahme Baschar al-Assads folgte, führte zu verstärkter Aktivität solcher Oppositions-Gruppen. Als sich dieser Frühling als Fata Morgana entpuppte und die Repression wieder zunahm, schlossen sich die sehr unterschiedlichen Aktivisten zusammen. 2005 unterzeichneten sie die »Damaszener Erklärung«, in der sie die Führung Syriens dazu aufriefen, zurückzutreten, und eine Demokratisierung Syriens forderten. Besonders war in dem Moment nicht nur der Mut der Gruppen und ihrer Vertreter, sondern auch ihr breites Spektrum. Kurden-Vertreter, Säkulare und Islamisten fanden hier für einige Jahre zu einer gemeinsamen Stimme. Das Bündnis zerbrach allerdings, 2011 spielte die geduldete Opposition kaum eine Rolle und auch innerhalb der Exil-Opposition findet diese Gruppe nur bedingt Anschluss.

Zur einflussreichsten Gruppe mausert sich ab Dezember 2015 der sogenannte »Hohe Verhandlungsrat«, der ab diesem Zeitpunkt als Vertreter der Opposition an den Verhandlungstischen Platz nimmt. Saudi-Arabien steht Pate bei der Bildung des Gremiums, das aus der Exil-Regierung heraus entsteht, und übt massiven Einfluss auf die Zusammensetzung aus. Als Sprecher tritt Riyad Hidschab an, ein ehemaliger Premierminister des Regimes Assads, der 2012 desertierte und ins Exil floh. Dies illustriert, wie gering der Einfluss der moderaten und demokratisch orientierten Kräfte schlussendlich ist, jener Gruppen also, die nach den ersten Aufständen in Dara'a für ein neues Syrien auf die Straße gegangen sind und schlussendlich diese Exil-Opposition kaum prägen konnten.

Bereits Ende 2012 anerkennen 100 Länder, darunter die EU-Staaten, die USA, die Golfstaaten, nicht aber Russland,

China und der Iran, die »Nationale Koalition« als legitime Repräsentanz des syrischen Volks. Doch es bleibt ein Lippenbekenntnis, das kaum konkrete Konsequenzen haben wird. Ein erster diplomatischer Durchbruch bei den internationalen Syrien-Verhandlungen wird bereits im Juni 2012 in Genf erzielt, doch die Folgen für die Lage im Land selbst sind kaum zu spüren. In dieser Genfer Vereinbarung verständigen sich die Konfliktparteien auf die Bildung einer Übergangsregierung, die mit Vertretern der Opposition und des Regimes beschickt werden soll. Auf dem Papier bleibt diese Einigung über Jahre das wichtigste Ziel, doch Ultimaten und Fristen dafür verstreichen ohne Konsequenzen.

Ein Waffenstillstand im Frühling 2012 – die erste Voraussetzung für die Bildung dieser Übergangsregierung – scheitert an der weiteren Zuspitzung des Konflikts. Auch eine UN-Beobachtermission bringt nur wenig Stabilisierung. Erst vier Jahre später gelingt es wieder, für einige Wochen die Kämpfe wenigstens »einzufrieren«. Doch 17 weitere diplomatische Anläufe werden scheitern, bis im Herbst 2016 der Krieg im Kampf um die Wirtschaftsmetropole Aleppo so sehr eskaliert, dass die beiden Hauptakteure auf dem diplomatischen Parkett, Russland und die USA, über Wochen jegliche Gespräche stoppen.

Wie Syrien in den Abgrund schlittert

10.000 Tote lautet die Opferbilanz der Vereinten Nationen für Syrien Anfang 2012. Zum ersten Jahrestag des Aufstandes sind es bereits 20.000. Dass eine halbe Million Menschen sterben werden, bis zum ersten Mal die Waffen ruhen, diese Prognose würde da kaum jemand wagen. Und noch viel weniger, dass danach mit noch größerer Härte weitergekämpft wird.

Ab Juli 2012 charakterisiert das Internationale Rote Kreuz den Konflikt in Syrien als »Bürgerkrieg«. Es ist kein Aufstand mehr, der hier niedergeschlagen wird, sondern ein Kampf um die Kontrolle Syriens. Der bewaffneten Opposition gelingt es, zirka ein Drittel des Landes zeitweise zu kontrollieren, die Vororte der Großstädte, später auch Dara'a, Teile der Provinz Idlib. Im Norden Syriens können kurdische Milizen weite Teile erobern, bis Mitte 2016 eine Region so groß wie Belgien. Hier entsteht ein kurdischer Proto-Staat in den »befreiten« Gebieten, der allerdings mit der Eskalation im sechsten Kriegsjahr in Bedrängnis gerät.

Die ersten Kriegsjahre sind geprägt von einer wachsenden Feindseligkeit zwischen den Gruppen des Landes, aufgestachelt durch grausame Übergriffe der Konfliktparteien. Zu den fürchterlichsten Ereignissen zählt ein Massaker in der Stadt Houla im Mai 2012. 18 Stunden lang ist das Dorf in Zentralsyrien unter Beschuss der syrischen Armee. Danach rücken Dutzende Kämpfer einer paramilitärischen Einheit ein: 118 Menschen werden von ihnen erstochen, darunter zahlreiche Kinder. Laut dem Bericht einer Überlebenden wurden einzelne Familienmitglieder gefesselt, mussten den Mord an ihren Kindern, Müttern und Vätern mit ansehen. Später bestätigt ein unabhängiger Bericht der UN, dass der Angriff auf den sunnitischen Ort von Einheiten der Schabiha-Milizen geführt wurde, die zum engsten Umfeld des Assad-Clans zählen.[30]

Wie ein Sog zieht es Akteure beider Seiten in eine Spirale aus Gewalt und Gegengewalt. Racheakte sunnitischer Rebellengruppen gegen alawitische Dörfer folgen. Ein Video kursiert, in dem ein Rebell einer FSA-Miliz namens Abu Sakkar das Herz eines getöteten Soldaten der syrischen Armee isst. Er stammt aus dem Stadtteil Baba Amr, jenem Viertel der Stadt Homs, das besonders erbittert umkämpft ist. »Am Anfang, da gingen Christen und Muslime, alle Bürger unserer Stadt gemeinsam zu den Demonstrationen«, erinnert sich Mohammed Douri, ein Aktivist, an die ersten Tage des Aufstandes ein Jahr später: »Doch das hat sich massiv verändert. Nun fürchten wir uns zu Tode voreinander. Entführungen, zur Einschüchterung, aber auch um Geld zu erpressen, sind an der Tagesordnung. Aus dem Nachbarn, der Jahrzehnte nebenan lebte, wurde ein Mittel zum Zweck.«

In Dara'a herrscht im ersten Frühling nach dem Aufstand eine gespenstische Stille. Es ist so ruhig, dass man meint, die Autos hätten Schalldämpfer eingebaut. Die Belagerung der Stadt, die Kämpfe des Vorjahres, haben Kerben in die Straßenzüge geschlagen. Angst lauert hinter jeder Straßenecke, Misstrauen. Malik, der Bauingenieur, der sich im Jahr zuvor enthusiastisch den Demonstrationen angeschlossen hatte, sitzt mit einem Dutzend Freunden in einer konspirativen Wohnung, die nur geöffnet wird, wenn ein bestimmtes Klopfzeichen vorangeht. Auch zu Mittag haben sie die Vorhänge zugezogen. »Wie konnte das sein, wie konnte das sein, dass der Westen nicht eingegriffen hat so wie in Libyen? Hat denn niemand eine Ahnung, was mit uns gerade geschieht?« Verhaftungswellen, blinde Gewalt, nun auch Angriffe mit Bomben.

Nach wie vor ist Militär auf den Straßen. Panzer an den Kreuzungen, Scharfschützen sind an den Hochhäusern positioniert. 200 Meter von der Abeer-Schule entfernt ist ein Checkpoint, die Graffitis an der Wand sind schwarz übermalt. Jahre werden auch hier noch vergehen müssen, bis es der FSA gelingen wird, die Kontrolle zu übernehmen. Dara'a wird eine der ersten Städte sein, in die schon nach ein paar Jahren Krieg erste Flüchtlinge zurückkommen.

Gleichzeitig flammen die Kämpfe um die Stadt in den folgenden Jahren immer wieder auf. Auch einige der 19 »Graffiti-Teenager« reihen sich in die Milizen ein und greifen nach den Spraydosen zu den Waffen. Etwa Moawayah Sayashne, der behauptet, den Satz, »Du bist dran, Doktor«, geschrieben zu haben. Von den anderen wisse er nur wenig, erzählt er am fünften Jahrestag »seiner« Revolution: »Ammar ist im Kampf gestorben, Ahmad, Ibrahim und Mohammed sind Flüchtlinge in Jordanien. Von Firas weiß ich nichts, aber es kann sein, dass er es bis nach Deutschland geschafft hat. Einer von uns ist noch hier, so wie ich in Dara'a. Doch der wurde bei einem Raketenangriff auf das Haus schwer verwundet. Der ist jetzt querschnittgelähmt.«

Moawayah Sayashne ist ein junger Mann geworden, zwanzig, mit Gel im Haar und Waffe am Anschlag. »Früher, da war es mein Traum, Pilot zu werden. Doch nach all dem, was passiert ist, den vielen Bomben, die sie abwarfen, da hasse ich Flugzeuge.« Kämpfen würde er ungern. »Ich hasse es, Blut zu sehen.« Die ersten Monate des Widerstandes durch Proteste, das sei in Ordnung gewesen, fast schön. »Doch wir hatten keine andere Wahl. Wir mussten uns verteidigen. Aber jetzt ist die Schule geschlossen, keiner von uns hat je eine ordentliche Ausbildung bekommen.«

[3] Im Reich des Präsidenten

Tourismuswerbung für Strandurlaub mitten im Bürgerkrieg, Schoko-
tarte im französischen Bistro in der Hauptstadt, zehn Fahrminuten von
belagerten und zerbombten Vororten entfernt – Momentaufnahmen
in jenen Gebieten, die vom syrischen Regime gehalten werden, sind
mitunter surreal. Die Realität hinter dieser oft mühsam gestalteten
Kulisse sieht jedoch oft sehr anders aus. Sie zeigt: Die gesamte
Bevölkerung ist traumatisiert, verarmt. Auch jene, die sich hinter dem
Regime ducken. Und aus ganz nächster Nähe betrachtet wird klar:
Der Assad-Clan kann den Krieg vielleicht mit allen Mitteln gewinnen,
doch das Land ist verloren. Und das Regime selbst ist ausgehöhlt von
der Macht der Milizen des Iran, der Hisbollah, den Warlords aus den
eigenen Reihen und der russischen Großmachtpolitik.

Drei Stunden Fahrt von Dara'a nach Damaskus im Frühsommer 2012 genügen, um die Folgen des Konflikts Lichtjahre
hinter sich lassen zu können. Eigentlich bräuchte man über
die solide ausgebaute Autobahn M5 für die 116 Kilometer nur
eine gute Stunde. Doch ein dichter Ring von Checkpoints
riegelt Syriens Hauptstadt ab und so schleppt sich die Auto-
kolonne zäh durch die Nadelöhre dieses Schutzwalls. Das Jahr
seit Beginn der Revolution hat Damaskus in eine Festung verwandelt. Die Normalität in dieser Hochsicherheits-Enklave
wird als Triumph zelebriert. Die Hauptstadt unter der Kontrolle des Regimes ist keine Ruinenlandschaft, hier funktio-
niert der Alltag: Keine Scharfschützen belagern die Dächer

von Krankenhäusern, Schulen sind offen, die Versorgung klappt und Panzer haben hier die Gehsteige nicht zu Schutt gewalzt.

Als »humanitäre Katastrophe« bezeichnen Experten der Vereinten Nationen schon jetzt die Lage in den von der Opposition kontrollierten, umkämpften Gebieten[31] und identifizieren als Ursache dafür die flächendeckenden Angriffe des Regimes. Die Lesart der Ereignisse um den Palast von Präsident Baschar al-Assad ist dem diametral entgegengesetzt: Dort, wo er die Kontrolle verliere, herrsche Chaos. Schuld seien jene, die aufbegehren. Wo er regiere, gebe es Ordnung und Stabilität.

Die sorgfältig gestaltete Auslage dafür ist Damaskus' Innenstadt. Das Magenta der omnipräsenten Bougainvilleas setzt Blickpunkte in den regelmäßig bewässerten Parks, schlängelt sich an den beigen Steinmauern in restaurierten alten Ecken der Stadt hoch. Beim »Four Seasons« fahren Limousinen vor. Die tiefgekühlte Luft im Foyer des ersten Hotels am Platz riecht nach frisch gebrühtem Bohnenkaffee und Vanille. Um ein paar hundert Euro pro Nacht lässt sich hier ein perfektes Leben in Syrien erkaufen. Diplomaten, die ihren Botschaften nur noch Kurzbesuche abstatten, bleiben hier, wie auch UN-Mitarbeiter und Unternehmer aus jenen Staaten, die nicht aus Protest Wirtschaftssanktionen wegen des Vorgehens gegen die Opposition verhängten. Aus Russland, dem Iran vor allem.

Diszipliniert wird der Spielplan der Oper beibehalten, ostentativ beworben von Plakaten im Zentrum. Die Umayyaden-Moschee in Damaskus' Altstadt bleibt noch über Jahre – anders als ihr fast tausend Jahre altes Pendant in Aleppo – unversehrt, wie auch gleich nebenan das Herzstück des Souks unter dem imposanten hohen Dach. Allerdings blättert hier auf dem Markt wie in den anderen Einkaufsstraßen der Lack merklich ab. Statt teurer Souvenirs füllen schon ein Jahr nach dem Beginn des Aufstands Dinge des Alltags die Stände. Die Cafés hinter der großen Moschee sind fast voll, aber nur ein vorsichtiges Gemurmel liegt über den Tischen.

»Es ist sehr gefährlich, hier offen zu reden«, zischelt ein Teppichhändler, nachdem er hinter einem an der Wand affichierten Kelim in Deckung gegangen ist und die Musik sehr laut gestellt hat: »Hier ist jeder zweite vom Geheimdienst. Die passen sehr gut auf. Wir müssen stillhalten. Wer auffällt, wird verhaftet. Dabei ist draußen die Hölle los.« Sein Mitteilungsbedürfnis ist größer als die Angst. Auf dem Mobiltelefon hat er Fotos gespeichert: Aufnahmen aus den Vorstädten, von Opfern der Angriffe, aber auch von Rebellen, die näher rücken. Sie stammen aus dem Großraum Damaskus, außerhalb des Schutzwalls. Nur 1,7 Millionen Menschen wohnen im Zentrum, sechs Millionen in den Vororten: etwa in Douma, Ghouta und Daraya. Sie liegen auf der anderen Seite der Checkpoints, gehören nicht zur heilen Welt, sondern zu jener der Hochburgen der Opposition: von Dara'a, Homs und Hama, wo Straßenzeilen im Dauerbombardement in sich zusammensinken, Belagerungsringe gezogen werden, die ersten an Hunger sterben.

Doch die Armut kriecht auch durch den Schutzwall um die Innenstadt. Das Gemüse kostet doppelt so viel wie noch vor einem Jahr und es türmt sich deshalb bei Geschäftsschluss noch in den Läden. Jeder Shop, gleich ob Metzgerei oder Juwelier, hat Generatoren im Sortiment. Damit lässt sich noch etwas verdienen. Ein Indiz, dass sich Stromausfälle mehren. Wirtschaftssanktionen der EU und der USA gegen das Assad-Regime reißen ein Vier-Milliarden-Euro-Loch ins Staatsbudget, die Infrastruktur leidet. Es ist nur der Anfang vom Ende der syrischen Staatsfinanzen. Zwischen 2010 und 2015 sinken die Einnahmen des Regimes von elf Milliarden Dollar auf knapp über 800 Millionen Euro 2015.[32] Doch bereits im Jahr eins des Aufstandes verteuert sich neben Lebensmitteln auch Treibstoff empfindlich. Die sprunghafte Inflation entwertet die Löhne im Eilzugstempo. Dazu strömen aus ihren Heimatorten Vertriebene in die Stadt, die von ihren Familien mitversorgt werden müssen.

Reiche Beute

Die Not verteilt sich ebenso ungleichmäßig wie in den Jahren zuvor. In Mezze, einem Viertel der wohlhabenden Mittelschicht, wo wegen der vielen Militärstützpunkte auch Soldatenfamilien zugezogen sind, ist der Alltag 2012 noch nicht ins Stolpern geraten. Im März sperrt wieder ein neues Spitzenrestaurant auf, das »Bistro Français«. Es wird sofort Mohammed Maadis Lieblingsrestaurant, wo der Unternehmensberater auch sehr gerne Gäste aus dem Ausland bewirtet. »Alles hier schmeckt exakt wie im achten Arrondissement von Paris«, behauptet er. Und es kostet natürlich auch so viel. Vom Gegenwert einer glacierten Entenbrust muss eine Krankenschwester zu diesem Zeitpunkt eine Woche lang leben. Doch solche Dissonanzen will Maadi jetzt nicht auf die Politik schieben. »Nennen Sie mir bitte ein Land, wo es keine Armen gibt. Soll ich deshalb darauf verzichten, mir um mein sauer verdientes Geld etwas zu gönnen?« Etwa Jahrgangs-Rotwein, Schokoladentarte und Crème Brûlée, Himbeeren im Frühling. Er spart bei diesem Vorzeigemahl kein Klischee aus. »Wissen Sie«, sagt er zufrieden beim Cognac, »der Präsident hat vor zwei Jahren den

Niqab, die Vollverschleierung der Frauen, an Universitäten und öffentlichen Institutionen verboten. Das hat die Extremisten aufgebracht. Die stecken hinter der Aggression. Wissen Sie, wie ein Syrien unter der Kontrolle dieser Opposition aussehen würde? Da sehen Sie keine Bikinis mehr an unseren Stränden. Keine Lokale wie diese.« Wenn er das sage, dann solle man ihm bitte glauben: Er sei Sunnit, kein Alawit wie der Präsident, und es gehe ihm prächtig.»Was brauchen Sie noch an Beweisen? Dieses Restaurant zeigt Ihnen, wie die Wahrheit aussieht.«

Es sind Figuren wie Mohammed Maadi, die zur Machtelite in Baschar al-Assads Syrien gehören. Enge Freunde und Verwandte der Präsidentenfamilie verdienen im»System« ein Vermögen. Idealtypisch verkörpert diese Kleptokratie Rami Makhlouf, ein Cousin Assads. 2011 ist er der reichste Mann Syriens, sein Vermögen wird auf 4,7 Milliarden Euro geschätzt.[33] Im Laufe des Bürgerkriegs wird diese Clique zu einer Kriegsfraktion. Je länger sich der Konflikt hinzieht, desto größer wird der Einfluss solcher»Warlords«. Dies auf beiden Seiten. Jene, die vom Krieg leben, beginnen ihn am Leben zu halten.

Auf der Seite des Regimes entsteht und gedeiht ein Schattenstaat, dessen Ansätze schon lange vorhanden waren. Seit Jahrzehnten betreibt der Assad-Clan samt seiner nächsten Verbündeten eine private»Geisterarmee«, die»Schabihas«. Figuren wie Makhlouf waren immer Teil dieses Netzwerkes, in dem Korruption, Unterdrückung und Gewinnsucht zusammenfließen. Nun beginnt sich das System zu verselbständigen. Privatarmeen, die einen höheren Sold als das Heer zahlen können, gewinnen massiv an Einfluss, finanziert durch Schmuggel, durch Geld, das man von jenen erpresst, die aus den umkämpften Gebieten fliehen wollen, durch Lösegeld von Entführungen und Plünderungen.[34]

An der Front kooperieren sie häufig mit paramilitärischen

Einheiten der ausländischen Verbündeten des Regimes. Bis zu 40.000 Kämpfer sind in diesen Gruppen aktiv. Ihre Einsatzgebiete sind teils sehr eingeschränkte Bereiche, manche wiederum sichern ganze Regionen. »Tiger Forces« oder »Desert Hawks« nennen sie sich. Letztere agieren unter dem Befehl Suheil al-Hassans, der im Nebenjob beim syrischen Geheimdienst ist. Die Niederschlagung der Proteste in Hama im Juli 2011 geht auf sein Konto, und er gilt als Erfinder der Fassbomben.[35]

Flankiert werden sie von der sogenannten »Volksarmee«, dem bewaffneten Flügel der Baath-Partei. Parallel dazu beginnen auch brave Parteisoldaten sozusagen im Freistil die Verteidigung Syriens in die Hand zu nehmen. Freiwillige besetzen ab den ersten Tagen der Revolution Checkpoints, gründen Nachbarschaftswachen. Als sich der Konflikt militarisiert, kämpfen sie nach eigenem Gutdünken neben dem Heer. Nicht immer klappt dies friktionsfrei, also versucht die Armeeführung die Hunderten von unstrukturierten Einheiten in den Griff zu bekommen und gründet 2012 die »Nationalen Verteidigungskräfte«. Diese werden zum Sammelbecken von regimetreuen Kämpfern aller Art, die von iranischen Spezialeinheiten trainiert werden.

Während des Krieges um Syrien entsteht der Eindruck, dass die bewaffneten Einheiten der Opposition einzig vom Chaos regiert werden. Das ist auch wahr. Übersehen wird dabei oft, dass auch aufseiten des Regimes nicht *eine* syrische Armee den Krieg führt, sondern ein Flickwerk von Milizen, die sich auch intern heftige Fehden liefern. Verhandlungslösungen und Waffenruhen zu vereinbaren scheitert auch daran, dass jene, die sie aushandeln, oft wenig Einfluss auf jene haben, die kämpfen. Am schwersten im Zaum zu halten sind langfristig die Privat-Milizen des einflussreichen Geldadels. Im Krieg und auch danach. »Wenn wir diesen Krieg einmal gewonnen haben werden, dann wird es mindestens zehn Jahre dauern, bis wir die Warlords und kriminellen Banden auf unserer eigenen Seite wieder unter Kontrolle haben«, sagt »Noor«, Kommandant einer solchen Miliz.[36]

Die Wirtschaft Syriens ist bei Baschar al-Assads Amtsantritt nach fünfzig Jahren autokratischer Herrschaft entstellt von verknöcherter Planwirtschaft und vor allem von Korruption. Daran ändert der Bruch mit den realsozialistischen Strukturen herzlich wenig. Assad junior privatisiert Staatsmonopole, schanzt die Filetstücke seinen Günstlingen zu. Makhlouf etwa wird mit Lizenzen für Mobilfunk und Ölhandel reich. Ab 2004 sind private Banken zugelassen, 2009 beginnt die Börse nach vierzig Jahren wieder Aktien zu handeln. Zu diesem Zeitpunkt geben aber laut einer Umfrage des Internationalen Währungsfonds 80 Prozent aller syrischen Unternehmer zu, »dass man von ihnen erwartet, an Vertreter der Behörden Geschenke zu überreichen, wenn man Bewilligungen oder Ähnliches braucht«.[37]

Das »nützliche« Syrien und seine Verbündeten

Die etwas abgegriffene Schablone eines Religionskonflikts ist beschränkt hilfreich, um die Ursachen von Syriens Bürgerkrieg zu identifizieren. Schon Hafiz Assad war gwieft genug, Sunniten, die bereit waren, sich mit der Hegemonie der Alawiten zu arrangieren, aussichtsreiche Plätze in den Sicherheitskräften zu sichern. Sein Sohn hält an der Strategie fest, auch im Krieg. Der Sunnit Ali Mamluk etwa verantwortet alle Geheimdienste und bleibt bis 2015 einer der wenigen, die den Präsidenten jederzeit sprechen können.

Dann wird er allerdings gefeuert und unter Hausarrest gestellt, da er mutmaßlich Kontakt zu Rebellen aufgenommen hat. Die Ursache des Zerwürfnisses dürfte das erstarkende Engagement des Iran in Syrien sein: Dies überschreitet die Schmerzgrenze vieler Sunniten, die dem Regime lange die Treue halten. Zu dieser Treue motivieren sie persönliche Ambitionen oder auch, weil die Einheit Syriens für sie als Wert höher rangiert als die Solidarität mit der Religionsgemeinschaft. Sie nehmen in Kauf, Teil der brutalen Unterdrückungsmaschinerie zu sein, die Fassbomben auf Wohngebiete abwirft und Krankenhäuser angreift, um die vom Regime propagierte »ausländische Verschwörung« abzuwehren. Als sie aber Iraner und Libanesen an den Schalthebeln der syrischen Armee entdecken, setzen sie sich ab. Und so gewinnt Baschar al-Assad dank seiner willigen Verbündeten zwar an militärischer Stärke, gewinnt vielleicht den Krieg, aber verliert sein Land und die Loyalität seiner Leute, quer durch alle Glaubensrichtungen.

Es war das Credo der Ära Assad senior. Die Partei-Bindung sollte das Netzwerk der mächtigen sunnitischen Großfamilien auflösen und neue Loyalitäten schaffen. Unter Hafiz al-Assad half ein Arrangement mit der Einheitspartei »Baath«, um emporzukommen. Seine Klientelpolitik funktionierte wie die großen Stämme und Clans: Die »Partei« kümmert sich um alles, versorgt die Bevölkerung mit billigem Benzin, Lebensmitteln und Wohnraum. Baschar al-Assad zersetzt diese Struktur, als er das »all-inclusive«-Versprechen bricht, Subventionen kürzt oder streicht. Unter ihm gibt die Profitsucht seiner Machtclique den Takt der Politik vor. Wer sich um diese willfährigen Unternehmer gruppiert, landet auf der Butterseite. Urbane Zentren prosperieren, die Bevölkerung auf dem Land verliert im doppelten Sinn an Boden.

Es sind dann jene Regionen Syriens, die politisch und wirtschaftlich im Jahrzehnt vor 2011 ins Abseits gerieten, die sich ab dem Beginn der Revolution zum Teil sofort aus der Kontrolle des Regimes lösen: Wie eine Sichel erstreckt sich das Gebiet vom Nordwesten Syriens, das rasch zum Großteil von Rebellen kontrolliert wird, entlang der Grenze zur Türkei, wo kurdische Milizen weite Teile halten, über das große Wüstengebiet, wo sich der sogenannte »Islamische Staat« festsetzt, in den Süden, in die Provinz Dara'a. Die vom Regime lange gehaltenen Territorien, im Wortlaut Baschar al-Assads »das nützliche Syrien«, inkludiert den Küstenstreifen, die Städte, beziehungsweise in Homs oder Aleppo die gut situierten Viertel der Zentren.

In Assads Rest-Syrien leben fast alle Mitglieder der religiösen Minderheiten, Drusen, Ismailiten, Tscherkessen, der Großteil der Christen und vor allem Alawiten. Deren traditionelles Siedlungsgebiet ist eigentlich Syriens Küstenregion, nördlich des Libanon von der Hafenstadt Tartus bis Latakia, bis zu den Stadtgrenzen von Idlib, Hama und Homs. 1946, als Syrien unabhängig wurde, lebten nur ein paar Dutzend Alawiten in Aleppo, lediglich 300 in Damaskus. 2011 aber waren es in der Hauptstadt bereits eine halbe Million.[38] Die massive demografische Veränderung ist ein Erbe des Alawiten Hafiz al-Assad. Nachdem er sich im November 1970 an die Macht geputscht hatte, transferierte er Zehntausende Familien seiner Minderheit in die Hauptstadt.

Obwohl es religionswissenschaftlich umstritten ist, werden Alawiten häufig als Teil des schiitischen Islam bezeichnet. Tatsächlich nutzte ab 1979 der Iran unter Ayatollah Khomeini den ungeklärten Status der Alawiten machtpolitisch aus. Eine Fatwa wurde von den iranischen Geistlichen erstellt, die sie als vollwertige Muslime charakterisiert. So wird der syrische Präsident zum politischen Ziehsohn der neuen Schiiten-Regionalmacht. Über Damaskus spannt sich danach ein strategischer Bogen von Teheran zu der vom Iran hochgerüsteten Hisbollah-Miliz im Libanon.

Bereits die erste große Krise im beginnenden Bürgerkrieg übersteht Baschar al-Assads Regime nur dank dieser Verbündeten. Im Frühsommer 2012 verliert das Regime massiv an Territorium rund um die Stadt Homs und hin zur Grenze mit dem Libanon. Um den Zentralraum zu sichern, greifen die gut trainierten Hisbollah-Milizen der syrischen Armee und den Privat-Milizen unter die Arme. Bis zu 7000 ihrer Kämpfer sind im Einsatz in Syrien, bis 2016 werden tausend von ihnen in dem Konflikt umkommen. Angesichts der Truppenstärke von 15.000 bis 30.000 Mann ein sehr hoher Blutzoll, der dazu führt, dass die Hisbollah-Führung sehr selbstbewusst und zum Teil unberechenbar in den weiteren Verlauf des Konfliktes eingreift.[39]

Als Mitte Juli 2012 bei einem Attentat auf das Hauptquartier der Abteilung für innere Sicherheit in Damaskus Assads engster Führungskreis getötet wird, verschärft sich die Krise weiter. Die Festung Damaskus gerät heftig ins Wanken. Zeitgleich mit dem Angriff auf Aleppo rüsten Rebelleneinheiten wenige Tage später von Damaskus' Vorstädten zu einer Offensive. Es ist der Moment, als Qassem Soleimani den ins Taumeln geratenen syrischen Präsidenten auffängt.[40] Der Kommandant der Auslandseinheit der iranischen paramilitärischen »Revolutionsgarden« reist Ende Juli 2012 samt einer Schar von Beratern und einer Flotte Transportmaschinen voll Militärgerät nach Damaskus. Es ist der Beginn einer intensiven militärischen Zusammenarbeit, die den Krieg über andauert. Soleimani organisiert Verstärkung, lässt aus dem Irak das schiitische »Abu al-Fadel Abbas«-Bataillon nach Syrien beordern. Und in seinem Heimatland werden unter den Millionen afghanischen Flüchtlingen eigene Milizen für den Krieg des Assad-Regimes rekrutiert. Es gelingt, das Regime zu stützen, die Rebelleneinheiten massiv unter Druck zu bringen. 2015 ist es abermals Soleimani, der Krisenfeuerwehr spielen muss. Er überredet die Führung in Moskau, angesichts einer massiven Krise der syrischen Armee auch mit Tat und nicht nur mit Rat und Material einzugreifen. Viel Überzeugungsarbeit dürfte dies nicht erfordert haben. Als Syrien 1946 unabhängig wurde, stand »Russland« – damals noch die Sowjetunion – militärisch Pate. In den folgenden Jahrzehnten, vor allem aber nach der Machtergreifung der sozialistischen Baath-Partei, vertiefte sich das Bündnis. Präsident Hafiz al-Assad wurde im Kalten Krieg zu einem engen Partner und überließ der Sowjetunion einen Stützpunkt im Hafen von Tartus. Dafür wurde er für den dauernd auflodernden Krieg gegen Israel hochgerüstet. Die Freundschaft überdauerte das Ende der Sowjetunion und den Tod Hafiz al-Assads. Tartus blieb in russischer Hand und im Jahr 2005 erließ Wladimir Putin – möglicherweise als Gegenzug – dem Land zehn von zwölf ausstehenden Euro-Milliarden für brandneue Rüstungsgüter. In den darauffolgenden Jahren vervierfachten sich Syriens Militärausgaben, die Hälfte der Aufträge ging an Russland. 2011 verstärkte Russland sofort die materielle Hilfe. Alleine im ersten Kriegsjahr wurden 60 Tonnen Munition nach Damaskus geliefert.[41]

Die Panik der Christen

Die russische Machtpolitik hinterließ Spuren in Syrien, die weit über Kasernen hinausgehen. Außerhalb des Damaszener

Altstadt-Viertels Bab Tuma, wo Zentralen der zahlreichen christlichen Kirchen untergebracht sind, belebte der Zuzug von Russen das Christentum in den modernen Wohnsiedlungen. Syrien war Kerngebiet des entstehenden Christentums, in den ersten Jahrhunderten unserer Zeitrechnung wurde der Begriff »Syrer« synonym mit »Christ« gebraucht. Noch in den 1920er-Jahren war ein Drittel der Syrer Christen. Sukzessive schrumpfte ihr Anteil auf knapp über zehn Prozent bis 2011.[42] Die meisten von ihnen gehören zu orthodoxen Kirchen. Ihre Religion bildete eine Brücke zu den hier stationierten Zehntausenden russischen Soldaten und deren Familien. Der Großteil blieb zwar nur temporär im Land, aber sie brachten ihre Kultur und auch ihren Glauben mit. Und so ändert sich zwar nicht die Statistik, aber der Alltag.

Damaszener Christen wie Yamen Sayaf wachsen damit auf, dass in »ihrem« Gotteshaus fast 80 Prozent Russen beten. Auch an diesem Ostersonntag im April 2012. Der 26-Jährige steht nach der langwierigen Messe im Park vor der Kirche. Ringsum Wohnsilos, errichtet in den 1980er-Jahren. Billiger Wohnraum für Soldatenfamilien. Noch weiß der junge Mann nicht, wie sehr der Aufstand sein Leben verändern wird oder soll: »Ich finde, wir brauchen tatsächlich eine Revolution.« Er etwa habe Veterinärmedizin studiert, kenne aber niemanden »mit Verbindungen«. Also sei es unmöglich, einen Job zu finden. »Es ist kein gutes System. Es verachtet die Menschen«, sagt er, obwohl er weiß, dass Sicherheitskräfte die Schar der Gläubigen engmaschig durchdringen. »Ein gutes Gefühl habe ich aber jetzt nicht«, räumt er ein, meint aber nicht die Geheimpolizei. Im Gegenteil: »Den Weg, den diese Opposition jetzt einschlägt, ist der falsche. Was derzeit in Homs und Dara'a und in den Vororten von Damaskus passiert, macht mir Angst. Diese Gruppen sind von Islamisten infiltriert. Wenn sie die Macht erlangen, müssen wir Christen das Land verlassen. Deshalb scheint es nötig, zu Assad und seinen Verbündeten zu halten. Die schützen uns, das ist zu spüren.«

Traditionell zählt die christliche Minderheit zur Elite in Syrien. Auch in der Ära Assad. Vor allem, sollte es vielleicht besser heißen. Immerhin hat ein Christ die sozialistische Baath-Partei gegründet, was mit ein Grund ist, warum Christen im »System« Spitzenfunktionen einnehmen. Und auch innerhalb der Opposition, vor dem Ausbruch der Revolution, aber auch danach, kommt ihnen eine wichtige Rolle zu. So wie die christlichen Iraker formieren christliche Syrer Milizen im Norden Syriens und schließen sich moderaten Rebellen an. Im Herbst 2012 wird der Christ Georges Sabra zum Chef der Exil-Regierung gewählt. Er ist Mitglied der kommunistischen Partei, so ist seine Kür ein doppeltes Signal: für die Stärkung säkularer Strömungen *und* der religiösen Minderheiten in dem Gremium, das massiv von der syrischen Muslimbruderschaft dominiert wird.

Die Überzeugungskraft solcher Faktoren ist allerdings begrenzt. Das liegt nicht nur am Dauerzwist innerhalb der Opposition. Die Veränderungen im postrevolutionären Ägypten beunruhigen Syriens Christen. Ab 2012, nachdem die Muslimbruderschaft dort sämtliche Wahlen gewonnen hat, geraten die koptischen Christen in Ägypten massiv unter Druck. Kirchen werden angegriffen und in Brand gesteckt, in Scharen fliehen Kopten panisch ins Exil.

Solche Ängste reduzieren die Zukunftsperspektive vieler Syrer auf die Wahl: Dschihadisten oder Assad. Besonders in der »Festung Damaskus«. Der Krieg ist in der Innenstadt selbst im Sommer 2012, als das Regime militärisch unter massiven Druck gerät, meist nur als Geräuschkulisse wahrnehmbar.

MIG-Kampfjets dröhnen über die Stadt, wie dumpfes Donnergrollen klingen die Bombentreffer in den Vorstädten. Vereinzelt werden Mörsergranaten von dort zurückgefeuert. Es gibt Tote, Verletzte. Erst mit der Dauer des Konflikts nimmt diese Bedrohung markant zu. Der Krieg prescht aber in anderer Gestalt vor: durch Terror von Dschihadisten aus dem Dunstkreis der al-Kaida. Am 23. Dezember 2011 verübt ein Mitglied der Nusra-Front den ersten Selbstmordanschlag in Damaskus. Bis Mitte 2012 sterben über hundert Menschen bei Attentaten in Damaskus. Autobomben detonieren vor Militär- und Sicherheitsanlagen, die Opfer sind aber fast immer unbeteiligte Zivilisten. Solche Anschläge verfestigen das Bild, das der Präsident seit Beginn des Aufstands skizziert hat: »Das ist keine Revolution, sondern es sind vom Ausland gesteuerte Terroristen am Werk. Da gibt es keinen Mittelweg durch Verhandlungen oder Kompromisse. Diese Kräfte müssen zerstört werden.« Am 30. März 2011 – nur zwei Wochen nach der ersten Demonstration in Dara'a – sagt Assad dies in einer Rede vor dem Parlament, die live vom Staatsfernsehen und Radio ausgestrahlt wird.[43]

»Er ist der Einzige, der dieses wundervolle Syrien retten könnte: Unser Doktor Baschar. Ich liebe ihn so sehr.« Amal al-Hariri trägt sehr dick auf, als das Gespräch auf diese Rede kommt. Sie lässt plötzlich das Lenkrad los, klatscht in die Hände und ihr sehr großes, mutmaßlich auch sehr teures nachtblaues Auto schlingert. Ihr Vater ist Unternehmer, »Export-Import, macht viel Geld«, fasst sie knapp das Geschäftsmodell zusammen: »Er kennt den Präsidenten gut, ich nur ein bisschen.« Aber das habe ihr genügt, um zu wissen: »Er ist ein guter Mann. Ein Augenarzt aus Großbritannien, ein so lieber Mensch, wie könnte er jemandem etwas zuleide tun?«

Amal al-Hariri hilft als Übersetzerin im Informationsminis-
terium aus, »betreut« internationale Journalisten. »Die Chefin
ist eine Freundin. Sie hat derzeit viel zu tun. Sie vertraut mir
blind und weiß, dass ich gut aufpasse.« Umso bemerkenswerter ist deshalb ihr Nachsatz, der auf die Präsidenten-Lobes-
hymne folgt: »Es ist nicht Doktor Baschar, der an der Katastrophe schuld ist. Es sind die anderen, die Probleme machen: sein
Bruder Maher, der Schwager, hohe Offiziere.«

Im Schatten der Brüder

Die Betonung der Facette »er ist britischer Augenarzt« in Baschar al-Assads Biografie gehört ins Standardrepertoire seiner PR-Abteilungen, anders als Seitenhiebe auf den kleinen
Bruder, die Nummer zwei des Regimes, die Spannungen im
»System« durchblicken lassen. Maher al-Assad ist in den Sicherheitskräften tiefer verankert als Baschar. Er hat zwar nicht
die formale Befehlsgewalt, gilt aber als Boss der Eliteeinheit
der Armee. Baschar hingegen war lange nur ein Armeearzt.
1992 verlässt er Syrien, um in London Augenarzt zu werden.
Diese Ausbildung muss er nach eineinhalb Jahre abrupt ab-
brechen, als sein älterer Bruder Basil bei einem Auto-Wett-
rennen auf der Flughafenautobahn tödlich verunglückt. An
seiner Statt wird Baschar eilig als Kronprinz installiert. Der
hat in London nicht nur studiert, sondern auch geheiratet: die
Bankerin Asma al-Assad. Deren Eltern sind Sunniten, stammen aus Homs. Ungeplant vollzieht sich so ein echter Generationswechsel an der Spitze Syriens, als Hafiz al-Assad im Jahr
2000 stirbt. 34 Jahre alt ist Baschar al-Assad zu diesem Zeitpunkt, ein Leichtgewicht im »System«. Als sich elf Jahre später ein Bürgerkrieg anbahnt, gibt es viele Spekulationen, dass

Maher al-Assad die eigentlich treibende Kraft hinter der Eskalation ist. Bei Demonstrationen von Regime-Getreuen werden T-Shirts getragen, die alle Assad-Söhne zeigen, auch den toten Basil. Aber so gut wie kein Merchandising-Produkt des Regimes kommt ohne das Konterfei des als jähzornig und skrupellos beschriebenen Maher aus.

Oft wird die Lage in Syrien nach 2011 zum Déjà-vu. Maher al-Assads »Vierte Armeedivision« erhält den Auftrag, den Aufstand niederzuschlagen. So wie sein Onkel Rifaat al-Assad im Jahr 1982 auf Befehl seines älteren Bruders und Präsidenten in Hama einrückte. Diese Stadt war die Hochburg des radikalen Flügels der syrischen Muslimbruderschaft, der Taliaa al-Muqatila, der »Avantgarde der Kämpfer«, die ab 1976 Anschläge gegen Mitglieder der Baath-Partei und gegen Sicherheitskräfte verübte. Ein Teil der Stadt wurde ausradiert. Bis zu 30.000 Menschen starben.[44] Dieses Ereignis reißt die syrische Gesellschaft langfristig auseinander. Die sozialen Verwerfungen lösen 2011 die Revolution aus, doch es sind die alten Gräben und Wunden, die diesen Konflikt befeuern. Als im Juli 2011 der Bruder des nächsten Assad-Präsidenten die Stadt Hama angreift, hat jeder, der hier demonstriert, wenigstens einen Verwandten, der 1982 starb. Und so ist es kein Zufall, dass sich just nach dem brutalen Vorgehen dort die Opposition bewaffnet.

Der Angriff auf Hama 1982 war mehr als ein Krieg gegen die Muslimbruderschaft, sondern war auch das blutige Ende eines breiten Volksaufstandes. Wie später im Jahr 2011 hatte sich zuvor eine breite Oppositionsbewegung gegen das Assad-Regime formiert. Immer offensichtlichere Korruption, Misswirtschaft, hohe Militärausgaben und Inflation brachten Demonstranten aus allen Lagern auf die Straße: Islamisten, säkulare Intellektuelle und Gewerkschafter. Die Lage spitzte sich zu, als Scharen von ihnen verhaftet wurden. Nachdem im Juni 1979 die »Avantgarde der Kämpfer« die Artillerieschule Ramouseh in Aleppo angegriffen und alawitische Soldaten gezielt ermordet hatte, eskalierte die Lage. Trotz der Distanzierung von dem Vorfall wurden führende Mitglieder der Muslimbruderschaft hingerichtet, gleichgültig, ob sie zu dieser Splittergruppe gehörten oder nicht. Im Zuge der Eskalation wurde die Muslimbruderschaft ab 1980 verboten, auf die Mitgliedschaft steht die Todesstrafe. Der bloße Verdacht, ein Teil der Bewegung zu sein, führt zu sofortiger Verhaftung, zu Kerker und Folter.

Danach erklärte sich die gesamte Opposition mit dem bewaffneten Widerstand solidarisch. Das Regime drohte ins Wanken zu geraten. Aus Sicht Baschar al-Assads konnte nur das damalige harte Durchgreifen seines Vaters den Sturz des Regimes verhindern. Nur so erklärt sich, warum er ab 2011 Zug um Zug die Hama-Taktik kopiert: vom Wortlaut der ersten Reden bis zum raschen Einsatz brachialer Gewalt. Bereits im April 2011, nach den ersten Protesten, steht Assads Strategie fest. Der libanesische Drusenführer Walid Dschumblatt berichtet von einem Treffen mit Mohammed Nasif, dem Sicherheitsbeamten, dem die Assad-Familie am meisten vertraute und der als Verbindungsoffizier zum Iran und auch zur libanesischen Hisbollah agierte. »Nasif sagte mir damals: Es geht um alles. Entweder gewinnen wir, die Alawiten, oder sie, die Sunniten. Das ziehen wir jetzt durch, auch wenn dies eine Million Tote kostet.«[45]

Im Lauf der Jahre rückt Assad von der Strategie nicht mehr ab. Die Gewalt, die passiert, ist in seiner Darstellung entweder Folge des aus seiner Sicht notwendigen Krieges gegen Terroristen oder zur Selbstverteidigung erforderlich:[46] »Sie haben Zivilisten mit Granaten in Damaskus angegriffen. Es ist doch logisch, dass wir unser Land verteidigen.« Assad lässt zwar seine Verhandlungsleiter bei internationalen Verhandlungen durchblicken, dass man einer »Übergangsregierung mit Beteiligung der Opposition« zustimmen würde. Doch seinen Rücktritt als Bedingung eines Friedens schließt er kategorisch aus. Einen Trumpf hat er im Ärmel, den er immer wieder ausspielt: das wichtigste strategische Erbe des Vaters, Stabilität.

Als der Verteidigungsminister der Baath-Partei Hafiz al-Assad 1971 das Präsidentenamt übernahm, begann die erste echte Phase von Stabilität in Syrien, seit das Land die Unabhängigkeit erlangt hatte. Zuvor war ein Coup auf den nächsten gefolgt und das Experiment einer staatlichen Union mit Ägypten. Doch Syrien zahlte einen sehr hohen Preis für ein bisschen innenpolitische Ruhe. Ein repressives System, das Andersdenkende foltern ließ, das mit vier Geheimdiensten jeden Schritt seiner Bürger überwachte, kaschiert von einer Scheindemokratie. Die Baath-Partei wurde zum Anker der Macht des Clans der Assads. Artikel acht der Verfassung legt fest, dass diese Partei Vorrang vor allen anderen politischen Gruppierungen erhält, dies auch bei den regelmäßig stattfindenden Wahlen fürs Parlament. Die Partei schlägt auch den Präsidenten-Kandidaten vor, der per Volksabstimmung gekürt wird. Dies auch im Krieg, 2014, wo Assad einmal mehr mit 100 Prozent im Amt bestätigt wird. Sozusagen.

Die müden Krieger

Bassam al-Khatib[47] hat im sechsten Kriegsjahr längst aufgehört, sich über solche Shows des Regimes zu ärgern. »Da hilft mir meine Zeit in Indien, dort habe ich gelernt, in wirklich jedem Moment Ruhe zu finden«, sagt der 47-Jährige: »Das gebe ich jetzt weiter und biete Meditationskurse für Kinder an.« In seiner Heimatstadt Damaskus, in Tartus und Latakia hält er Unterrichtsstunden in diesem »seelischen Überlebenstraining« ab. Seit der Krieg begann, habe sich viel verändert in seiner Heimatstadt Damaskus. Nicht alles davon ist auf den ersten Blick zu sehen. Um bis zu 80 Prozent verfiel die Währung, die Wirtschaft liegt in Trümmern. Akademiker würden um einen Euro pro Tag putzen gehen, um durchzukommen. »Die Stadt ist voll von Flüchtlingen, die sich aus den schwer umkämpften Gebieten retten konnten. Voll von Kindern, die Angst und Schrecken beutelt.«

Bassam ist Sunnit, aber gerade bei kosmopolitischen Persönlichkeiten wie ihm wird offensichtlich, wie unsinnig Schubladisierungen sind. Soziologe, Buddhist oder Atheist würde eher passen. Ein Muslim, der seine Religion als kulturelle Tradition erlebt. Wenn er das Regime der Baath-Partei und Baschar al-Assads Autokratie ablehnt, dann hat das herzlich wenig damit zu tun, in welcher Form er an Gott glaubt, sondern hat seinen Grund in den entsetzlichen Verstößen gegen die Menschenrechte. »Es ist absurd. Wir erleben einen Krieg, den alle sehr kompliziert nennen, der aber nur eine wesentliche Front kennt: die zwischen denen, die diesen Machtkampf führen, und jenen, die darunter leiden: wir, die ganz normalen Leute von Syrien.« Nur leider würden in seinem Umfeld jene immer zahlreicher, die an Verschwörungstheorien aus dem Ausland glauben. »Sie geraten bei der Vorstellung in Panik, dass das Regime weg ist und das große Chaos folgt.«

Seit dem Eingreifen Russlands im Herbst 2015 sei es ruhig geworden in der Stadt. Zuvor waren immer mehr Bomben explodiert, Granaten hätten laufend eingeschlagen. Die Menschen von Damaskus zogen sich in den Kokon ihrer Wohnungen zurück. Noch im Juni 2015 gab Baschar al-Assad in einer Rede kleinlaut zu, dass er kaum noch in der Lage sei, seine Bastionen zu halten. Als ein halbes Jahr später aber Russland eingreift, ändert sich die Lage und auch der Tonfall des Präsidenten. Das Regime wirkt wie auf Steroiden. Das ganze Land will Assad wieder einnehmen. Die Luftangriffe auf Stellungen der Opposition nehmen dramatisch zu, auf Aleppo, die Vorstädte von Homs und auch die von Damaskus. Gleichzeitig sperren Bars in der Altstadt wieder auf. Sie sind gut besucht, auf sozialen Netzwerken teilt die Jugend schrille Party-Fotos von Events, die nur ein paar Kilometer von erbittert umkämpften Regionen entfernt aufgenommen werden. Die Welten Syriens driften noch weiter auseinander, als es zuvor schon der Fall war.

Doch die Inszenierung der Normalität durch das Regime gleitet ins Surreale ab. Bei der Lebensmittelmesse in Moskau im Februar 2016 wird an einem adretten Stand Feinkost aus Syrien angepriesen. Es ist exakt der Moment, als in mehreren vom Regime belagerten Städten katastrophale Hungersnöte ausbrechen, Menschen bis aufs Skelett abmagern und an Entkräftung sterben, den Kindern dort Hungerbäuche wachsen. Und im Sommer 2016 veröffentlicht das Ministerium für Tourismus ein Werbevideo[48], in dem Badeurlaub an der Küste angepriesen wird. Mit Strandfotos und Segelbooten. Es ist exakt der Moment, als im Osten Aleppos 300.000 Menschen mit einer Welle an Brandbomben zu kämpfen haben.

Viele Damaszener haben Assad längst still und heimlich abgewählt und geben auch der Opposition keine Chance mehr. Es war eine Abstimmung mit den Füßen. »Im Herbst 2015, als die Firmen, Schulen und Universitäten nach der Sommerpause wieder aufsperrten, fehlte bis zu einem Drittel der Belegschaft, der Lehrer und Studenten«, sagt Bassam al-Khatib.

»Viele sind mit der großen Ausreisewelle nach Europa geflüchtet.« Angst hätten sie gehabt, bei jedem Checkpoint zu zittern begonnen. Doch es war plötzlich nicht mehr die Angst vor Verhaftung, sondern die Angst, zum Militär eingezogen zu werden.

Um bis zu 80 Prozent ist die Zahl der regulären Soldaten der syrischen Armee geschrumpft. Der Engpass ist 2016 so dramatisch, dass Häftlingen angeboten wird, dass sie ihre Strafe nicht abzusitzen brauchen, wenn sie sich freiwillig zum Heer melden.[49] Die Checkpoints in und um die Stadt sind mit sehr jungen Rekruten oder mit alten Männern besetzt, die zurück zum Armeedienst beordert wurden. Das Straßenbild von Damaskus ist plötzlich geprägt von jungen Afghanen, die mittlerweile zu Zehntausenden als Söldner für ein syrisches Regime kämpfen, das ohne ausländische Truppen und Piloten längst Geschichte wäre.

Es ist ein Krieg, der immer weniger mit Syrien und den Menschen, die dort leben, zu tun hat. Sie werden im noch besten Fall in die Rolle von Statisten gedrängt, im schlimmsten Fall schonungslos angegriffen. »Das System Assads ändert sich im Krieg dramatisch. Wenn weiter so getan wird, als könnte man mit ihm und seinen engsten Gefolgsleuten die Zukunft Syriens verhandeln, dann ist das ein tragischer Irrtum. Längst haben andere, der Iran, die libanesische Hisbollah-Miliz, das eigentliche Sagen in Damaskus«, sagt der Syrien-Experte Robert Rabil, der an der Universität Florida lehrt. Russlands Streitmacht sorgt für die Deckung aus der Luft. Neben dem Mittelmeerstützpunkt Tartus wird die Hmeimim-Luftwaffenbasis ausgebaut: Zusätzlich zu den Kampfjets werden hier modernste Boden-Luft-Raketen-Systeme installiert. Die Großmachtpolitik von Russlands Präsident Wladimir Putin wird auf syrischem Boden zur Schau getragen, ebenso die Muskelspiele des Iran gegen Saudi-Arabien und umgekehrt.

Baschar al-Assad nützt die Eigeninteressen seiner Verbündeten aus, um seine Macht zu retten, nicht aber Syrien. Denn es sind eiskalte Siege, die er mit dieser Unterstützung verbucht. Das zeigt sich bei den Eid-Feiertagen im September 2016. Baschar al-Assad, der seit Ewigkeiten Damaskus' Innenstadt nicht mehr verlassen hat, wird von seinen PR-Leuten gefilmt, wie er in einem silbernen Wagen in der Vorstadt Daraya ankommt. Jahrelang war der Ort im Belagerungszustand, er wurde so lange bombardiert, bis die Menschen einer Evakuierung zustimmen. Der Präsident feiert an diesem Tag die Eroberung einer Geisterstadt, die in Schutt und Asche liegt. In dem Video, das sein Presseteam danach veröffentlicht, begleitet martialische Musik die Aufnahmen der Zerstörung. Und dann darf der Präsident in die Kamera sprechen: »So sieht es aus, wenn vom Ausland gesteuerte Extremisten eine Stadt regieren. Es ist Zeit zum Aufräumen.«

[4] Hunger als Waffe

Daraya im Sommer 2016: Die Vorstadt von Damaskus ist da seit mehr als drei Jahren von der Außenwelt abgeschnitten. Niemand kann die Stadt verlassen, keine Waren gelangen zu den 4000 Menschen. Es gibt nur noch Gras, Kresse und Weinblätter als Mahlzeit. Als im Juni zwei Hilfskonvois eintreffen, folgt eine Offensive mit Fassbomben, Raketen und schwerer Artillerie. Daraya illustriert die zentrale Taktik des Regimes gegenüber Widerstandshochburgen: aufgeben oder aushungern lautet sie. So sollen die Vorstädte von Damaskus und Homs und vor allem der Osten Aleppos in die Knie gezwungen werden. Hunderte sterben hier an den Folgen von Unterernährung, eine Million ist im Belagerungszustand. Im Herbst 2016 geben die Menschen von Daraya auf: Was sie in diesen Monaten des Überlebenskampfs erleiden, ist beispielhaft für den Wahnsinn in diesem Bürgerkrieg und auch für das Versagen der internationalen Helfer.

Sumaias Nachrichten treffen unregelmäßig ein. »Entschuldige«, schreibt sie nach besonders langen Pausen, »wir haben keine Energie mehr: keinen Strom, keinen Diesel für die Generatoren und manchmal bin ich einfach nur noch müde.« Sie isst kaum noch. Und dann ist da noch die Sorge um ihren sieben Monate alten Sohn, die sie oft lähmt. Trotzdem rafft sie sich in diesem katastrophalen Sommer 2016 immer wieder auf und erzählt. Wenn sie die Batterie des Computers laden kann und die Verbindung zum Internet klappt, schildert die 21-Jährige ihr Leben im Belagerungszustand in Daraya. Ihren Nachnamen will sie nicht nennen, denn sie ahnt, dass sie nicht mehr lange in der Stadt bleiben kann. Ist die Leitung zum Netz besonders gut, schickt sie Fotos mit: von Häuserzeilen, die über Hunderte Meter in sich zusammengesackt sind, zerschossen, zerbombt, so oft, als würde es Sinn machen, auf Ruinen zu feuern. Dazwischen die Straßen, von mehreren Schichten Schutt überlagert, entlang deren Trassen sich Schotterwege um Trümmerberge schlängeln. Sumaia macht Aufnahmen von dem, was der Krieg von ihrem Garten übrig ließ: »Ohne die Petersilie und die Minze, die wir hier anbauen, wären wir schon verhungert.« Damit es reicht, habe sie den Gehsteig vor der Tür auch umgegraben. Suppe macht sie dann aus den Kräutern. Oder »Salat«, wie sie es nennt. Dazu streckt sie ihre kleine Ernte mit viel Gras: »Es reicht, um einmal pro Tag satt zu werden. Sieben Monate haben wir nur noch davon gelebt. Vom Spätwinter 2015 bis zum Frühling 2016. Das war eine sehr schwere Zeit.«

Knapp 4000 Menschen leben zu diesem Zeitpunkt noch in Daraya, Frauen, Kinder, alte Menschen sowie einige hundert Kämpfer, die hier ihre Stellung auf Biegen und Brechen zu halten versuchen. Die Stadt wird zum Symbol des Widerstandes und des »Betonkrieges« des Regimes. Seit im November 2012 die syrische Armee einen Ring aus Checkpoints um diese Vorstadt von Damaskus gezogen hat, gilt der Belagerungszustand. Ab diesem Zeitpunkt darf nichts und niemand mehr die Kontrollposten passieren: keine Nahrungsmittel, keine Kleidung, keine Arznei. Außer man ist in der Lage, die Soldaten an den Checkpoints mit sehr hohen Summen zu bestechen. Auch das Verlassen der Stadt, die Lieferung von humanitärer Hilfe, wird über dreieinhalb Jahre verhindert.

»Es kann für Syrien keine militärische Lösung mehr geben. Alle verlieren und wir sehen zu, wie dieses Land ausblutet«, stellt der Generalsekretär der Vereinten Nationen

Ban Ki-moon in diesem Sommer 2016 in einem Bericht an den UN-Sicherheitsrat bitter fest: Am härtesten treffe es, betont er, derzeit die Menschen in Aleppo und in Daraya, »die in einer Falle sitzen und gezwungen sind, unter horrenden Bedingungen auszuharren.«[50] Würde man die Tragödie Syriens im sechsten Kriegsjahr auf eine Einstellung reduzieren wollen: Ein Blick auf Daraya fasst die Katastrophe präzise zusammen. Die Mehrheit der Syrer, die noch in ihrer Heimat geblieben sind, kämpft nicht um die Macht, sondern wie die junge Frau aus Daraya schlicht ums Überleben, und dies in vielen Fällen gleich an mehreren Fronten: gegen den lebensbedrohlichen Hunger und gegen die Folgen der Kämpfe um sie herum.

Mehr als die Hälfte der Bevölkerung, 13,5 Millionen Menschen, brauchen Lebensmittelhilfe. Vielmehr müsste es heißen: bräuchten. Ein Viertel der Bedürftigen lebt in Gebieten, die für humanitäre Hilfe nur »sehr schwer zugänglich sind«, wie die UN-Organisation für die Koordination humanitärer Hilfe (OCHA) zugibt. 600.000 von ihnen sind laut diesen Daten im »Belagerungszustand«. Keine der Kriegsparteien schreckt davor zurück, Hunger als Waffe einzusetzen: Die Terrormiliz »Islamischer Staat« zog einen Belagerungsring um die ostsyrische Stadt Deir ez-Zor, islamistische Rebellengruppen um die 60.000 Einwohner der Städte Foua und Kefraya. Doch der überwiegende Teil der Menschen, die in belagerten Städten ausharren müssen – 85 Prozent der Betroffenen – werden von syrischen Regierungstruppen sowie mit ihnen verbündeten Milizen belagert.

Ein Ei für 25 Euro

Obwohl sich diese Daten der Vereinten Nationen wie ein Horrorszenario lesen, dürften sie noch immer nicht das wahre Ausmaß der Notlage der syrischen Zivilbevölkerung wiedergeben. Andere Hilfsorganisationen melden massive Zweifel an. »Es ist nicht nachvollziehbar, nach welchen Kriterien bei der Erhebung der Zahlen vorgegangen wurde. Laut unseren Daten sind über eine Million Menschen in 46 Städten von der Außenwelt abgeschnitten«, sagt Valerie Szybala, Direktorin des Thinktanks »Syria Institute«. Sie ist Autorin mehrerer Berichte über belagerte Gebiete. Ab 2016 gibt ihre Organisation gemeinsam mit der niederländischen Organisation »PAX« einen regelmäßigen Report namens »Siege Watch« heraus. Dazu verwendet sie standardisierte Fragebögen, die online ausgefüllt werden.[51] Im Report vom Mai 2016 wird die Situation in Daraya als »besonders besorgniserregend« eingestuft: »Die ohnehin brisante Lage hat sich massiv verschlechtert: Die Trinkwasserleitung ist gekappt, die medizinische Versorgung zusammengebrochen«, heißt es darin: »Nur noch sehr wenige Waren sind verfügbar, die um horrende Preise gehandelt werden: Ein Kilo Zucker kostet 60 Euro, ein Ei 25 Euro, so viel, dass jene, die sich ein solches leisten können, auch die Schale mitessen. Babynahrung, Mehl oder Speiseöl sind aus den Regalen der wenigen Händler, die es noch gibt, verschwunden.«

Schuld an dieser Tragödie trägt auch das Scheitern der internationalen humanitären Diplomatie, allen voran der Vereinten Nationen. Es gelingt nicht, die Belagerungsringe zu durchbrechen. Hilfsgüter sollen bisweilen ausschließlich in jene Gebiete gelangt sein, die von der syrischen Regierung kontrolliert werden, so die Vorwürfe von Oppositionsgruppen. Die Folgen sind verheerend: Bis zu 600 Menschen starben in

Syrien an den direkten Folgen von Hunger, obwohl die UN-OCHA über ein jährliches Budget von 3,2 Milliarden US-Dollar (Stand 2016) alleine für die Versorgung von Notleidenden in Syrien verfügt.[52] Im Juni schreiben 75 humanitäre NGOs einen Brief an die Spitzenbeamten der UN, in dem sie verlangen, dass die Hilfspläne für Syrien nicht länger mit dem Regime abgestimmt werden sollen, »da das Assad-Regime die Bevölkerung systematisch aushungert, um militärische Erfolge zu erzielen«. Der Brief enthält pikante Details, etwa Belege für eine Rechnung von über sechs Millionen Euro, die vom Budget der UN-Nothilfeorganisation pro Jahr für die Bezahlung von Übernachtungen in Luxushotels in Damaskus ausgegeben wurden.[53] Wie weit die Hilfe für das Regime Assad ging, enthüllt später, im August 2016, ein Bericht der britischen Zeitung »The Guardian«. Demnach flossen im Laufe des Konflikts zweistellige Euro-Millionen-Beträge als Hilfsgelder an Organisationen, die im Auftrag des Regimes im Land aktiv sind. 13 Millionen US-Dollar etwa gingen an das Landwirtschaftsministerium. Oder, um ein weiteres Beispiel zu nennen: Die UN-Kinderhilfsorganisation UNICEF spendete 267.933 US-Dollar an eine Wohltätigkeitsorganisation, die dem oben bereits erwähnten Rami Makhlouf, Syriens reichstem Mann und Cousin Assads, gehört.[54]

Anzunehmen ist, dass die Vertreter der UN dies taten, um ihren Verhandlungsspielraum zu stärken, die Aufenthaltsgenehmigung in Syrien nicht zu verlieren und so die Chance zu bewahren, auch in den Hungergebieten helfen zu können. Das Problem dabei: Die umstrittene Linie hat wenig Nutzen gebracht. Auch nicht angesichts der Tatsache, dass es sich beim gezielten Aushungern der Bevölkerung um ein Kriegsverbrechen handelt und das Völkerrecht aufseiten jeglicher Hilfe gestanden wäre. Im 1977 verabschiedeten Zusatzprotokoll zu den Genfer Konventionen wird das gezielte Aushungern der Zivilbevölkerung durch Konfliktparteien als »Kriegsverbrechen« deklariert. Dazu verabschiedet ab 2014 der Sicherheitsrat der Vereinten Nationen mehrere Resolutionen[55], in denen alle Parteien dieses Konfliktes dazu aufgerufen werden, diese kaltblütige Taktik zu stoppen. Gleichzeitig wird darin den Hilfsorganisationen der UNO wie auch ihren Partnern im Kriegsgebiet erlaubt, ohne Rücksicht auf Genehmigungen der Behörden Lieferungen durchzuführen.

Doch sie zaudern. Ohne grünes Licht der Bürokratie des Assad-Regimes fährt kein einziger Lastwagen ab, selbst die Beladung fügt sich in jedem Punkt deren Vorgaben. Wohin Konvois fahren dürfen, ob Hilfe durch darf, entscheiden Ministerialbeamte in Damaskus. Die Rolle der UNO als Koordinatorin der Hilfe wird von der syrischen Regierung, anders als in anderen Konflikten, nicht akzeptiert. Man fügt sich, um die Aufenthaltsgenehmigungen für die Mitarbeiter nicht zu gefährden, wie ein interner Bericht kritisch anmerkt.[56] Selbst wenn die Transporte von Hilfsgütern die Erlaubnis bekommen, eine bestimmte Stadt anzufahren, sind es wieder die Bürokraten des Regimes, die bestimmen, was geliefert werden darf. Da kann es vorkommen, dass Windeln für Babys von der Liste gestrichen werden, weil diese auch als Verbandszeug für verwundete Kämpfer verwendet werden könnten.

Absurd sind diese Arrangements vor allem, wenn es um Daraya geht, jene belagerte Stadt, die am längsten von jeglicher internationaler Hilfe abgeschnitten bleibt: Um vom Zentrum von Damaskus hierher zu gelangen, fährt man gerade eine Viertelstunde. Im Zentrum gibt es Supermärkte, Tankstellen, jene sündteuren Luxushotels, in denen die UN-Diplomaten untergebracht sind, sowie die vollgefüllten Lager mit Hilfsgütern der Organisation. Während in Daraya Gras gegessen wird, verheddern sich die internationalen Helfer ein paar Kilometer entfernt in zermürbenden Verhandlungen mit dem Regime darüber, ob und wann ein Hilfskonvoi starten darf.

Im April 2016 wird ein UN-Expertenteam für eine Bestandsaufnahme nach Daraya durchgelassen. Sie finden hier schwer unterernährte Kinder, ausgezehrte Frauen, nur vorerst keinen Weg, um sie mit dem Nötigsten zu versorgen. Als Reaktion auf die Tatenlosigkeit schließen sich 47 Frauen der Stadt zur Initiative »Mütter von Daraya« zusammen. Sie formulieren einen Offenen Brief, adressiert »an die Welt da draußen«, wie sie sagen: »Wir schreiben diesen dringenden Hilferuf, um uns und unsere Stadt zu retten. Wir bezahlen den Preis für diesen Krieg. Es fehlt, vom Salz angefangen, einfach an allem. Die Fälle von Unterernährung werden schlimmer. Manche leben seit Wochen von Suppen, die nur aus Wasser und Gewürzen bestehen. Manche, die diesen Brief unterschreiben, haben seit Tagen überhaupt nichts mehr gegessen. Viele von uns Frauen haben keine Milch mehr für unsere Babys. Es gibt keine Putzmittel mehr. Die Hygiene ist verheerend.«[57]

Vom Aushungern einer Revolution

Der obige Brief spiegelt den alten revolutionären Geist der Stadt. Zirka 80.000 Menschen haben 2011 noch in Daraya gelebt. Es war eine gesichtslose Vorstadt wie zig andere in der Region, geprägt von Betonbauten, die niemals ganz fertiggestellt werden. Doch war sie in manchen Punkten einmalig: Daraya gilt als eine der ältesten Städte Syriens, der Legende nach soll hier die blitzartige Wandlung des Saulus in den heiligen Paulus vonstattengegangen sein. Das zog Touristen an, doch auch die Kunsttischler und die Traubenernten sorgten für ein wenig Wohlstand. Hinter dieser Fassade formierten sich lange vor Ausbruch der Revolution und dem Arabischen Frühling erste Ansätze von politischem Widerstand. Gerade hier war aber eine Hochburg des sunnitischen Widerstandes besonders ungünstig für das Regime. Sieben Kilometer ist der Präsidentenpalast von der Stadtgrenze entfernt, direkt in der Nähe liegt Militärflughafen Mezze. Der Luftwaffen-Geheimdienst, der in dem weit verästelten Unterdrückungsapparat des Regimes zu den am meisten gefürchteten Teilen zählt, hat hier seinen Sitz. Ein Gefängnis befindet sich dort, wie auch das Hauptquartier der vierten Armee-Division, eine Eliteeinheit des Regimes.

Ausgerechnet hier formiert sich im Sommer und Herbst 2011 eines der ersten Zentren der Opposition, wo der passive Widerstand greift. Wasser und Blumen werden den einrückenden Soldaten der syrischen Armee von den Bewohnern der Stadt entgegengehalten, dies auch noch, als sich im Rest des Landes die Opposition bereits bewaffnet hat. Der Tod einer der Führungsfiguren in der Stadt, des 25-jährigen Ghiyath Matar, ändert das Klima abrupt. Mit Folgen für die Widerstandsbewegung im ganzen Land. Nachdem er im September 2011 von Einheiten des syrischen Regimes verhaftet und zu Tode gefoltert wurde, schreibt Liz Sly, Korrespondentin der »Washington Post« und eine profunde Expertin des Syrien-Konflikts: »Mit Matar starb auch der Traum eines friedlichen Protestes im ganzen Land.«[58] Sogar der damals noch in Damaskus stationierte US-Botschafter Robert Ford hält Seite an Seite mit der Familie und Freunden die Totenwache.

Danach ändert sich die Atmosphäre blitzartig. Die in der Stadt aktiven Rebellenbrigaden geben nun den Ton an. Dabei handelt es sich um die FSA-Miliz Liwa Schuhada al-Islam und die islamistisch orientierte Gruppe Ajnad al-Scham. Ein

Modus vivendi wird trotz der ideologischen Differenzen gefunden, die Kräfte werden geballt. Das strategisch sensibel gelegene Daraya entwickelt sich in weiterer Folge zu einem bedeutenden Nervenzentrum der bewaffneten Opposition, von wo aus sich die Angriffe auf die vom Regime gehaltenen Gebiete verstärken. Es dauert ein knappes Jahr, bis die syrische Armee die Stadt mit voller Wucht angreift. »Unsere heldenhafte Armee hat heute Daraya von den Resten der Terroristen gesäubert, die Verbrechen gegen die Söhne unserer Stadt begangen haben, öffentlichen und privaten Besitz zerstört haben.« So liest sich die Meldung der amtlichen syrischen Nachrichtenagentur SANA, als im August 2012 Bodentruppen einrücken.[59] Mindestens 500 Menschen sterben, Frauen, Kinder, alte Menschen genauso wie Kämpfer. Mitunter hingerichtet mit Messern, die an Gewehrläufe montiert wurden, wie auch Augenzeugen berichten.

Danach flieht der Großteil der Bevölkerung: »Jene, die blieben, wollten die Stadt nicht aufgeben, hatten Angst vor dem Exil, wollten nicht weg von hier. Aber es gab einige, die hätten es als Kapitulationserklärung verstanden. Zu bleiben war eine Form des Widerstandes«, sagt Ahmad Mujahid, ein Mitglied der Stadtregierung, die von den Bewohnern gewählt wurde.

Daraya wird eine der ersten von oppositionellen Gruppen selbstverwaltete Stadt, eine Mini-Republik, aus der sich der alte Staat zurückgezogen hat, von der Schulverwaltung bis hin zur Polizei. Das Vakuum wird durch Selbstverwaltung gefüllt. Es gibt freilich andere Lesarten der Lage der letzten Zivilisten von Daraya: die der »menschlichen Schutzschilde«, missbraucht von Terroristen-Gruppen. So interpretiert es das Regime des Präsidenten Assad.

Kind sein im Ausnahmezustand

Sumaia sagt, auch sie sei eine von denen, die bewusst geblieben sind. Zwang habe es nie gegeben: »Das ist mein Land, mein Haus, warum sollte ich flüchten. Allerdings habe ich niemals erwartet, dass man uns das antun würde.« Im Herbst 2012 hatte sie sich gerade an der Uni in Damaskus in Biologie inskribiert. »Leider konnte ich nur zwei Monate zu den Vorlesungen, dann begann die Belagerung. Eigentlich wollte ich einmal Genetikerin werden.« Erinnerungen an damals sind verblasst. Ihre Zukunftspläne schmelzen zu schlichten Hoffnungen zusammen: vor allem ausreichend zu essen. Seit vier Jahren habe sie Hunger, sagt sie. »Eigentlich immer. Und dann versuche ich mich zu erinnern, wie es sich anfühlt: Joghurt auf meiner Zunge. Ein Bissen gebratenes Huhn. Der klebrige Sirup unseres Nachtisches. Daran denke ich, wenn ich an früher denke.«

Der rote Faden des alten Lebens sei gerissen. 90 Prozent der Häuser um sie herum sind zerstört. Trotz allem lebt sie weiter: 2014 heiratet sie und im Winter 2015 bekommt sie ihr erstes Kind, Rahman, einen Sohn. »Glücklicherweise kann ich mein Baby stillen. Nur reicht die Milch nicht aus, weil ich so schwach bin.« Ihr Sohn ist eines von 600 Babys, die in Daraya ab dem Beginn der Belagerung auf die Welt kommen. Sie werden in den Ausnahmezustand hineingeboren. Auch wenn das alles einmal vorbei sein werde, sagt sie, könne sie nicht mehr in ihre alte Existenz zurückfinden: »Da kann man keinen Schalter umlegen und weitertun, als wäre nie etwas gewesen.«

Statt Wissenschaftlerin wird sie Lehrerin in der Amal-al-Omar-Schule. Der Unterricht ist ein Drahtseilakt: Meist ist das Klassenzimmer ein Keller, wie es mittlerweile Hunderte in den umkämpften Teilen Syriens sind. Selbst Spielplätze werden unterirdisch angelegt. Doch es geht nicht nur um finstere Räume und um Ausrüstung wie Bücher, Papier oder Stifte, die fehlen. Kinder in den belagerten Städten verlieren den Anschluss daran, was der Rest der Welt als Normalität empfindet. Besonders gravierend sind die körperlichen Folgen der Kombination aus Hunger und Krieg: Bombeneinschläge führen dazu, dass Kinder ihr Gehör verlieren, schwere Sehstörungen erleiden, weil sie fast nur noch in unterirdischen Schutzräumen sind, so eine Warnung der britischen Organisation »Save the Children«. Dazu beeinträchtigt die mangelhafte Ernährung ihre Entwicklung, gefährdet im Extremfall ihr Leben.

Eine Ärztin aus einem anderen belagerten Damaszener Vorort, Ost-Ghouta, schildert für den Bericht einer Hilfsorganisation den Fall eines zehnjährigen Mädchens. Exemplarisch illustriert Linas Fall das »leise Sterben in Syrien«, wie auch der Titel des Reports lautet. Bewusstlos wird Lina von ihrer Lehrerin am Morgen in die Ambulanz gebracht, die Mutter eilig dazugeholt. Das Mädchen ist in einem lebensbedrohlichen Ausmaß entkräftet, wie die Untersuchungen zeigen. »Sie müssen Ihrer Tochter etwas zu essen geben, bevor sie in die Schule geht, sagten wir zu Linas Mutter«, so die Ärztin. »Ich habe drei Töchter«, erwidert die Mutter: »Jede darf an einem Tag essen. Heute war Lina eben nicht an der Reihe.«[60]

Immer wieder tauchen solche Berichte auf, die illustrieren, wie sehr die Lage in den belagerten Gebieten eskaliert. Als im Januar 2016 Fotos von Verhungernden aus der Stadt Madaya über soziale Netzwerke an die Öffentlichkeit gelangen, erfolgt ein Aufschrei, erst dann verstärkt sich der diplomatische Druck: »Die Menschen essen Hunde, Katzen, alles, was sie finden«, beschreibt ein junger Mann, der sich Abdullah nennt, auf Twitter, wie verzweifelt die 42.000 eingeschlossenen Menschen in dieser Stadt sind. Als die Hilfskonvois von Rotem Kreuz, den Vereinten Nationen und weiteren Hilfsorganisationen, die bei der Rettung von Madaya kooperieren, dort eintreffen, erleben sie ein Bild des Grauens. 32 Menschen sind zu diesem Zeitpunkt bereits verhungert. Während im Lauf des Jahres 2015 nur drei Prozent der Menschen in den belagerten Städten Hilfe bekommen, rollen nun die Konvois. Ausreichend ist dies nirgendwo, nicht einmal in Madaya. Es fehlen die Proteine in den Lebensmittelpaketen, sogar verdorbene Kekse sind in den Ladungen. Und so geht selbst in dieser Stadt, die es in die Schlagzeilen internationaler Medien geschafft hat, das Sterben weiter. 86 Hungertote werden schlussendlich bis Mai 2016 insgesamt alleine hier gezählt, Tuberkulose, Hepatitis und schwere Durchfallerkrankungen breiten sich aus. Auf drei Einwohner kommt nun eine Landmine, die verhindert, dass jemand die Stadt verlassen kann.[61]

Alte Schmerzmittel gegen Krebs

Für die Bevölkerung von Daraya ändert die humanitäre Offensive nach dem Aufschrei um Madaya vorerst überhaupt nichts. Als im Februar 2016 bei den Verhandlungen der »Internationalen Syrien-Unterstützungsgruppe« in Genf eine Waffenruhe vereinbart wird, schwächen sich die Kämpfe auch um die Stadt deutlich ab, doch der Belagerungsring wird noch enger zugezogen. Die Wasserleitungen zu einer Nachbarstadt sind gekappt, die letzten Schleichwege der Schmuggler hermetisch abgeriegelt. Bald sind die Reserven aufgebraucht, noch wächst zu wenig auf den Feldern, die zur Stadt gehören. Es ist der Moment, als viele nur noch Blätter, Kräuter und Gras essen, medizinische Hilfe kaum noch möglich ist. »In einem kleinen Krankenhaus können wir die notwendigsten Eingriffe durchführen. Doch wen es schwer erwischt, der hat keine Chance.

Die verlassenen Häuser werden nach Medikamenten durchsucht. Sie haben ihr Verfallsdatum längst überschritten, werden aber trotzdem genommen«, berichtet Mohammed Shihade, ein Mitglied der lokal gewählten Verwaltung Darayas. Zwei Kinderärzte bleiben in der Stadt, doch sie können wenig ausrichten. »Wir bräuchten Antibiotika, und Babynahrung fehlt, da die schwer unterernährten Mütter ihre Babys kaum stillen können«, so Dia al-Ahmar, einer der beiden Ärzte. Meist könne man nur die Symptome behandeln: »Bei Schwerkranken, wie Krebspatienten oder Schwerverletzten, versuchen wir die Symptome zu mildern. Da geben wir Schmerzmittel. Aber das ist es auch schon.«

Zu einem immer größeren Problem entwickelt sich der Engpass an Treibstoff. »Wir brauchen für die kleinen Notoperationen Generatoren und auch für die Pumpen des Brunnens. Ohne Strom hängen wir völlig von Diesel ab«, sagt Mohammed Shihade. Doch Diesel ist Mangelware. Auf abenteuerlichen Wegen wird dieser Treibstoff produziert: »Wir sammeln altes Plastik. Robuste Stücke, etwa von zerstörten Wassertanks. Das erhitzen wir in einem geschlossenen Behälter und leiten das Kondensat ab. Das füllen wir dann in die Tanks der Generatoren.«

Der Kampf um einen Hilfskonvoi

Als sich Mitte Mai 2016 die ersten mit Hilfsgütern beladenen Lastwagen in Richtung Daraya in Bewegung setzen, stranden sie in einer politischen Sackgasse. Der gemeinsame Konvoi der Vereinten Nationen, des Internationalen Roten Kreuzes und des Syrischen Arabischen Halbmonds wird beim letzten Checkpoint vor der Stadtgrenze gestoppt. Der Inhalt dieses

Transports war zuvor mit dem Beamtenapparat in Damaskus abgestimmt worden. Lebensmittel waren nicht erlaubt, lediglich Stifte und Papier für die Schulen, und von den medizinischen Hilfsgütern blieb im Wesentlichen nur Impfstoff übrig. Doch auch die restliche Lieferung scheint nicht akzeptabel. Über Stunden ziehen sich die Verhandlungen mit den Soldaten, es sickert durch, dass sich die Soldaten am Checkpoint an Babynahrung in der Lieferung stoßen. Der Konvoi muss um 18.00 Uhr umkehren. Unterdessen hat sich eine Menschenmenge in Sichtweite der Lastwagen gebildet, die auf die Entladung wartet. Kaum sind die Fahrzeuge verschwunden, schlagen unter den Wartenden neun Granaten ein, die von der syrischen Armee abgefeuert werden. Zwei Menschen sterben, fünf werden schwer verletzt.

Zwei Wochen später gelingt es: Hilfslieferungen erreichen am 1. Juni die Stadt. Diesem »Durchbruch« geht ein diplomatischer Kraftakt voraus. Als sich die Diplomaten der »Internationalen Syrien-Unterstützungsgruppe« im Mai in Wien treffen, rücken die belagerten Gebiete ins Zentrum der Verhandlungen. Der vorher vereinbarte Waffenstillstand erweist sich da schon als brüchig, wenigstens die humanitäre Lage soll nun verbessert werden, um irgendeinen Erfolg in den Verhandlungen zu erzielen. Dabei wurde dem syrischen Regime ein Ultimatum gestellt: Wenn bis zum 1. Juni 2016 die Belagerungsringe nicht für Hilfslieferungen geöffnet werden, starten Luftbrücken. Auch nach Daraya, das ja nur ein paar Kilometer von den UN-Warenhäusern entfernt ist.

Als die Lieferung endlich kommt, folgt die nächste Enttäuschung. Statt der dringend erhofften Lieferung von Speiseöl, Zucker, Mehl und vor allem von Antibiotika kommen Güter in die Stadt, die viele als blanken Hohn empfinden. 2000 Flaschen Läuseshampoo, 1000 Moskitonetze.[62] Einzig die dringend benötigte Babynahrung ist dabei. »Aber es war viel zu wenig«, schreibt an dem Tag Sumaia: »Wir bekamen für jedes Kind ein halbes Kilo.« Es vergeht wieder mehr als eine Woche, bis erneut ein Konvoi Daraya erreichen »darf«. Nun sind auch Lebensmittel dabei.

Sumaia atmet für einen Moment auf, wie sie schreibt: »Wir können jetzt ein wenig Getreide in die Suppen geben. Das tut richtig gut. Wenn wir mit den Vorräten haushalten, dann reicht es vielleicht bis August.« Wenige Tage später kommt ihre nächste E-Mail. Nur ein paar Worte schreibt sie: »Die Lebensmittel kamen mit einem hohen Preis. Als sie entladen waren, wurde es so richtig grimmig. Jetzt ist wieder Krieg. Heftiger Krieg.«

Nur Stunden, nachdem die leeren Schwerfahrzeuge zurück nach Damaskus fahren, startet eine heftige, über Wochen dauernde Großoffensive auf die Stadt. An manchen Tagen wisse sie nicht, ob es nicht schon morgen ist, schreibt Sumaia Anfang Juli: »Es kann sein, dass ich bis zu 48 Stunden oder noch länger ununterbrochen im Keller bin. Da verliere ich den Überblick über das Datum. Manchmal wird eine Fassbombe nach der anderen abgeworfen. Unten ist es immer finster und so staubig: Wie in einer Wolke bin ich da gefangen.« Allein im Juni 2016 fallen fast 800 Fassbomben auf die Stadt, fast 8000 sind es damit seit Beginn des Konflikts. Auch die letzten Felder werden zerstört. Die karge Ernte 2016, die letzte Chance auf Ernährung, verglüht im Sprengstoff.

Sumaia schreibt am 8. Juli zum letzten Mal, dass sie nun am Ende ihrer Kräfte sei: »Sobald ich höre, dass wieder Helikopter über uns fliegen, bete ich. Meine Hände lege ich über die Ohren des Buben und warte. Still. Bis ich den Einschlag einer Fassbombe höre. Das Baby fängt dann wie von Sinnen zu weinen an und ich lege ein Stück nassen Stoff über sein Gesicht, um es vor dem Staub zu schützen.«

Schlussendlich geht die Stadt in die Knie. Die Luftangriffe verschlimmern sich mit jedem Tag, auch das letzte Krankenhaus wird im August zerstört, und am 25. August 2016 werden Verhandlungen mit einer Delegation des syrischen Regimes geführt, wie ein Waffenstillstand aussehen könnte. Mit ein Grund dafür: Die wenige Hilfe, die von außen kam, hat schlussendlich nicht gereicht. Die überlebende Bevölkerung wird in Bussen aus ihrer Stadt bis nach Idlib gebracht, das unter der Kontrolle der Rebellen ist, auf der Fahrt bewacht von den gefürchteten Schabiha-Milizen. Es ist eine der schwersten Niederlagen der Opposition in dem Krieg. Fotos aus dem verwaisten Daraya zeigen nur noch Betonruinen.

So sieht ein »Sieg« in Syrien aus.

Hilfe als Faustpfand im Krieg

Trotz der Eskalation in Städten wie Daraya gelingen auch Fortschritte an der humanitären Front: Die gesamte Bevölkerung in den abgeriegelten Städten, auch in jenen, die als schwer zugänglich gelten, wird wenigstens einmal mit Hilfslieferungen erreicht. Doch selbst Jan Egeland, der Berater der eigens dafür gebildeten humanitären Taskforce der Syrien-Unterstützungsgruppe, muss danach einräumen, dass es sich vor allem um eine symbolische Geste, weniger um eine tatsächliche Verbesserung gehandelt habe: »Es sind nur marginale Fortschritte gelungen. Es waren einmalige Interventionen, die langfristig die Not kaum lindern können.« Aus Sicht des UN-Nothilfekoordinators Stephen O'Brien hätten bereits die Angriffe auf Daraya am Tag nach der Lieferung von Hilfsgütern gezeigt, dass die Krise in diesen Gebieten nicht durch humanitäre Konvois gelöst werden könne. Als er den UN-Sicherheitsrat am 25. Juli 2016 über die Lage in Syrien informiert, tut er dies mit einer außergewöhnlich emotionalen Rede: »Wissen Sie, was es wirklich bedeutet, in weiten Teilen Syriens heute zu leben? Ich sage es Ihnen: Die Realität besteht aus Kämpfen, Scharfschützen, keine Lebensmittel, kein Strom, kein Trinkwasser. Mir gelingt es nicht mehr, die Brutalität in dem Land in Worte zu fassen.«[63]

Doch längst ist die Blockade ganzer Städte verwoben mit der heimtückischen Dynamik des Konflikts. »Hilfe ist ein sehr wirksames Instrument der Regierung geworden, um gewisse Teile des Landes zu kontrollieren, mit der Erlaubnis von Hilfslieferungen gefälliges Verhalten zu belohnen oder andere massiv zu bestrafen«, so Roger Hearn, ehemaliger syrischer Chef der UNWRA, der UN-Behörde, die palästinensische Flüchtlinge im Nahen Osten unterstützt.[64] Hearn zählt zu den wenigen UN-Diplomaten, die ihre Kritik am Verhalten der Vereinten Nationen offen aussprechen. Seine undiplomatische Offenheit mag damit zusammenhängen, dass in Jarmuk, einem von palästinensischen Flüchtlingen bewohnten Randbezirk von Damaskus, Hunger als Waffe eingesetzt wurde und zu einer regelrechten Hungersnot geführt hat. In dem Vorort der Hauptstadt siedelten sich nach 1948 Flüchtlinge aus Palästina an. Obwohl sukzessive auch Syrer hierher zogen, blieb es in erster Linie ein Wohngebiet für Exil-Palästinenser. Bis zu einer Million Menschen lebten hier. Laut Aktivisten starben ab 2013 mindestens 170 Menschen an den direkten und indirekten Folgen von Unterernährung. Viele Belagerer wechselten sich hier ab: Nach Regime-Truppen kesselten Milizen aus dem Umfeld der Terrorgruppe »Islamischer Staat« das Viertel ein. Sie versuchten hier einen Pflock nahe der Hauptstadt einzuschlagen. In Folge kam es zu einem erbitterten Machtkampf.

Hier wurde eines der fürchterlichsten Fotos des Krieges um Syrien aufgenommen: Als 2015 nach Jahren der Belagerung einer der ersten Hilfskonvois in die Stadt vordringen konnte, strömten Menschen in Massen, die ganze Straßen füllten, zu den Lastwagen. In den Details der Aufnahme konnte man erkennen, wie geschwächt und abgemagert sie waren.

Kriegsgewinnler profitieren von Blockaden

2015 kündigte das syrische Regime die »Rückeroberung« an. Für die Menschen in Jarmuk änderte sich kaum etwas am Belagerungszustand. Der Soziologe Abdullah al-Khateeb zählt zu jenen, die hier zu bleiben versuchen, auch nachdem er am 25. Juli 2016 bei einem Attentat schwer verletzt wird. Bis zu diesem Zeitpunkt beschreibt er auf seiner Facebook-Seite die Folgen der Blockade. Es ist ein besorgniserregendes Zeitdokument, denn es gibt einen Einblick, wie viel an Zerstörung dieser Bürgerkrieg hinterlassen wird. Zu spüren ist dabei, dass sich dies nicht nur in den dramatisch hohen Zahlen an Toten und Verletzten oder gar in Geldbeträgen bemessen lässt. »Wenn du im Laufe der Belagerung viel verlierst, verhärtet sich dein Herz. Es wird zu Stein«, schreibt er: »Wenn dein erster Freund stirbt, weinst du drei Tage. Beim zweiten zwei Tage und beim dritten einen Tag. Wenn der zehnte Freund dann tot ist, dann begräbst du ihn und lachst dann, um die ganze Lage zu verhöhnen. Und irgendwann bis du überzeugt, dass alle sterben.« Doch es ist nicht nur der Verlust an Empathie, vor dem er warnt. Je länger der Eindruck bestehe, dass es niemanden in der Welt da draußen kümmert, was sie mit dir tun, desto mehr schüre es den Extremismus unter jenen, die glauben, nichts mehr zu verlieren zu haben.

Der Hungerkrieg wird also tiefe Spuren in Syrien hinterlassen, neben den Friedhöfen, den Ruinen. Bereits in den ersten Tagen der Revolution, beim Versuch der Niederschlagung des Aufstandes in Dara'a, später beim Kampf gegen die Rebellen-Hochburg Homs, werden Belagerungen und Hunger als Waffe eingesetzt. Doch bald ist es noch mehr als eine fürchterliche Taktik, um rebellische Viertel und Teile des Landes in die Knie zu zwingen. Eine Erhebung von Experten der »London School of Economics« kommt bereits 2015 zu dem Fazit, dass damit ein profitabler Wirtschaftszweig entstand: »Die Belagerung von Städten wurde zum lukrativsten Geschäft für Milizen, die mit dem Regime verbündet sind, und auch für die Soldaten selbst«[65], heißt es in dem Bericht. Die Unterstützung von ganzen Kampfverbänden habe man sich damit erkauft. Am wichtigsten sei aber, so die Autoren des Berichts, dass die Versetzung an Checkpoints zu einem Belohnungssystem für treue Armeeangehörige wurde: »Ein Krieg ist teuer, und mehr und mehr kam das Regime Assad in Geldnot. Um den Sold weiter aufrechtzuerhalten, wurden Soldaten zu den Kontrollpunkten um die belagerten Städte versetzt und sie erhielten den Auftrag, so viel Geld wie möglich aus den Menschen dort herauszupressen.« Den Armeeangehörigen wurde erlaubt, einen Teil der Beute zu behalten. Belegt sei etwa, dass im Frühling 2014 die Einheiten der Präsidentenwache und des Luftwaffengeheimdienstes zwei US-Dollar pro Kilo Lebensmittel verlangen durften, das in die abgesperrten Vororte von Ost-Ghouta passierte. Den Checkpoint Wafideen nannte man ab diesem Zeitpunkt die »Millionen-Kreuzung«, weil hier pro Stunde eine Million Syrischer Pfund eingenommen wurde, umgerechnet sind das zirka 4500 Euro.

Für die Menschen in den abgeschotteten Regionen bedeutet dies, dass sie sich nur um Unsummen am Leben erhalten können beziehungsweise der Belagerungsring jederzeit hermetisch abgeriegelt werden kann. Doch nicht nur Waren, auch Menschen dürfen passieren, wenn sie das nötige Geld dafür aufbringen können. Angesichts der Bedrohung durch Hunger und Kämpfe und bei Arbeitslosenraten von bis zu 90 Prozent in den Regionen ist dies oft der einzige Ausweg, wie viele bestätigen. »Ich könnte schon gehen, auch jetzt noch, und meine Leute und die Revolution im Stich lassen«, sagt im Juli 2016 der 25-jährige Firas, der in Talbiseh neun Kilometer nördlich von Homs lebt. Die Stadt gilt als »besonders schwer zugänglich«, da nur ein Schotterweg nach draußen führt. »Um die Stadt aber verlassen zu dürfen«, sagt er, »muss man mindestens 1000 Dollar für Schmuggler bezahlen und man riskiert trotzdem, von Scharfschützen ins Visier genommen zu werden. Gehen zu wollen, ist ein Selbstmordversuch. Noch dazu ein sehr teurer.« Aber was genau sei die Alternative, würden sich er und viele andere in der Stadt fragen: Irgendwann Gras essen und dann langsam und leise sterben? Seine Not sei für jene, die das Land mit ihrem Krieg zerstören, ein Geschäft. »Nur«, sagt er: »Kümmert das wen? Ich glaube nicht.«

Firas' Heimatstadt erreicht zwar im September 2016 eine kleine Hilfslieferung, aber danach folgen die Ereignisse hier dem Muster der brachialen Zerstörung von Daraya. Die Angriffe nehmen massiv zu und in weiterer Folge werden die Hilfslieferungen gestoppt – hierher und in fast alle humanitären Krisenregionen. Als der Osten der Stadt Aleppo auch belagert wird, rückt diese Dimension des Krieges in den Mittelpunkt der internationalen Aufmerksamkeit. Wie riskant es wird, in dem Krisengebiet zu helfen, zeigt sich am 19. September, als ein Konvoi der UN, unterwegs von der türkischen Grenze nach Aleppo, bombardiert wird. 20 Helfer sterben.

Von den 31 Lastwagen werden 18 zerstört. Die USA bezichtigen russische Kampfflieger, Russland streitet jede Verantwortung ab, wälzt die Schuld auf Dschihadisten. Der Angriff auf diesen Konvoi wird zum dem Moment, wo die Brutalität der Akteure, die Ohnmacht der internationalen Gemeinschaft schonungslos zutage treten. Bilder von lebensgefährlich abgemagerten Menschen dringen ab Oktober aus Aleppo. Nachdem dieser Versuch, Aleppos Zivilbevölkerung zu helfen, scheiterte, brechen Ende Oktober die Vereinten Nationen auch ihre Bemühungen ab, Verletzte und Verwundete aus dem umkämpften Osten zu evakuieren. Beide Konfliktparteien hätten dies verhindert, heißt es. »Gebt auf, es gibt niemanden auf der Welt, der noch hilft«, steht auf Flugblättern, die es aus Kampfjets auf die Stadt regnet, als im Oktober bei einem Waffenstillstand von wenigen Tagen der Bombenregen kurz abbricht. Und so wird die Schlacht um Syriens größte Stadt, um Aleppo, zur Weichenstellung in dem Konflikt.

[5]   In der Hölle von Aleppo

Als 2012 die bewaffnete Opposition den Osten der größten Stadt Syriens eroberte, hieß es, wer Aleppo halte, gewinne den Krieg. »Wir kämpfen mit dem Rücken zur Wand. Gegen die Wahnsinnigen der Terrormiliz ›Islamischer Staat‹. Gegen das Regime«, sagt ein Rebellen-Kommandant zwei Jahre später. »Uns gehen die Särge aus«, ein Arzt, wieder zwei Jahre später. »Siegen heißt, den Tag überleben. An mehr kann ich nicht mehr denken«, sagt ein Aktivist der Opposition, als die Angriffe eskalieren, 300.000 Menschen in eine tödliche Falle geraten. Wer nach Aleppo kommt, erlebt Gräuel in Serie, ahnt, dass diesen Konflikt alle verlieren werden: vor allem die nächste Generation, die Kinder, die hier zwischen alle Fronten geraten. Wer hierher kommt, wird zum Zeugen, wie viel an Zerstörungskraft der Konflikt um Syrien freisetzt: bis hin zu einem Mini-Weltkrieg zwischen den USA und Russland.

Erst ist es ein kleiner Punkt am Himmel. »Wenn man ihn entdeckt, sollte man am besten nicht mehr davonlaufen, sondern einen kühlen Kopf bewahren.« Fetee Marousch spricht aus Erfahrung. Wie die meisten Menschen in Aleppo steht sie oft einfach nur da und starrt in die Luft. Gerade eine halbe Minute vergeht, bis sich der Punkt in den vibrierenden Bass eines Helikopters verwandelt, dicht gefolgt von einem hellen Zischen und dann dem ohrenbetäubenden Knall der Explosion. Wo die Fassbombe einschlagen wird, ist bis zum letzten Moment unklar. Solche Treffer drücken Häuser platt, als wären sie aus Karton, nicht Beton errichtet. Nägel und Metallschrott werden Hunderte Meter weit durch die Luft katapultiert. Eine dichte Staubwolke vernebelt den Blick, lähmt die Lunge. Es gibt keine Luftschutzräume, keine Sirenen, die einen vor der Gefahr warnen. Nur diesen Punkt am Himmel und ein Zeitfenster von etwa 30 Sekunden: »In Wahrheit gerade lange genug, um sich vom Leben zu verabschieden«, sagt die 68-jährige Fetee Marousch. Sie steht wie angewurzelt im knöcheltiefen Schutt vor ihrem Haus: »Ich bin heute drei Mal innerlich gestorben.« Zwischen sechs Uhr morgens und zehn Uhr vormittags detonierten an diesem Tag bereits drei Fassbomben in ihrer nächsten Nachbarschaft. Jedes Mal fürchtet sie einen Treffer. Schutzlos ist sie dem Warten ausgeliefert. Ihre vier Töchter und die Enkelkinder leben mittlerweile bei ihr, zudem hat sie, wie viele in der Stadt, Waisenkinder aufgenommen: »Wir können bald nicht mehr. Das ist die Hölle hier.«

Hätte der geschockten Frau an diesem fürchterlichen Vormittag im Juli 2013 jemand prophezeit, dass dies alles erst der Beginn der Tragödie ist, die der Krieg um Aleppo auslösen wird: Sie hätte es vermutlich nicht geglaubt.

Einen Einblick in die dramatische Lage der Zivilbevölkerung bietet der Besuch eines der bereits damals nur wenigen noch funktionstüchtigen Krankenhäuser. Das mehrstöckige Gebäude duckt sich hinter einem Wall aus Sandsäcken, die meterhoch um den Eingang und Teile der Fassade aufgeschichtet wurden. Der leitende Arzt will »Doktor Omar« genannt werden und führt die Besucher zuerst aufs Dach. Die Zitadelle im Zentrum der Altstadt Aleppos scheint zum Greifen nah. »Sehen Sie: Da ist schon die Front. So nahe. Wir operieren hier nur wenige Meter vom Abgrund entfernt.« Er bittet sehr nachdrücklich darum, nur von hinten fotografiert zu werden. »Wenn Aleppo belagert und eingenommen wird, bin ich in höchster Gefahr«, sagt er. Doch er ist es auch jetzt schon. Am Tag zuvor schlugen in dem Viertel acht Bomben ein. Zwei davon hätten um Haaresbreite auch das Krankenhaus getroffen. Die Fenster in einem der Stockwerke sind aus der Verankerung gerissen.

Das Krankenhaus verfügt über zwei Operationssäle, in denen jetzt bei offenem Fenster tiefe Wunden versorgt werden. Ein Dutzend Betten gibt es. In einem davon liegt die 14-jährige Fathi. Sie kann kaum sprechen. Schrapnelle haben ihren Bauch zerfetzt, die Leber verletzt. Noch hängt Fathi an einer Infusion: »Es sind aber so ziemlich die letzten Antibiotika-Dosen, die wir haben«, sagt Doktor Omar. Auch wirksame Schmerzmittel gehen zur Neige: »Ich habe auch für Schwerstverletzte wie Fathi nur mehr leichte Präparate. Das ist ungefähr so, als würde ich jemandem, dem ich vor drei Stunden das Bein abgenommen habe, Aspirin geben. Also nichts.« Mehrmals pro Tag seien solche Eingriffe nötig, ergänzt er matt.

Panik als Taktik

Fassbomben sind rudimentär gebaute Sprengsätze: Alte Ölfässer, Kanister oder andere Zylinder werden mit Dynamit, Maschinenteilen, Alteisen, Schrott, Nägeln und mitunter auch mit Giftgas gefüllt.[66] Ein paar Hundert Euro kostet es, sie herzustellen. Im Arsenal der syrischen Armee werden sie nach den ersten vereinzelten Einsätzen 2012 mehr und mehr zur Waffe der Wahl. Sie sind im Vergleich zu modernen Bomben billig – und »effizient« in ihrer Brutalität. Die zwischen 500 und 1000 Kilo schweren Fassbomben werden aus Helikoptern abgeworfen, rasen unkontrollierbar wie Säcke im freien Fall auf Städte und Dörfer. Bis zu 92 Prozent der Opfer dieser Waffen sind Zivilisten. Laut Völkerrecht wäre ihr Einsatz deshalb verboten. Anfang 2014 bekräftigte dies eine Resolution des UN-Sicherheitsrates. Laut Daten des oppositionellen syrischen Netzwerks für Menschenrechte[67] wurden alleine in den zwei Jahren nach dem Verbot dieser Waffen in dieser Sicherheitsrats-Resolution 19.947 Fassbomben abgeworfen. Sie töteten 2274 Kinder, 2036 Frauen.

Kollateralschäden werden nicht in Kauf genommen, sondern anvisiert. Dabei verschwimmt die Grenze zwischen Angriff und kollektiver Bestrafung. Auch die bewaffneten Oppositionsgruppen scheuen nicht davor zurück, Zivilisten anzugreifen. Sie zielen mit Granaten, improvisierten Sprengsätzen und schwerer Artillerie auf Städte und Regionen, die vom syrischen Regime kontrolliert werden. Auch sie treffen Kinder, Frauen, alte Menschen. Doch anders als die syrische Armee verfügen sie über keine Kampfjets oder Helikopter, die Armee unter Befehl von Präsident Baschar al-Assad samt seinen Verbündeten jedoch sehr wohl, und so ist diese Konfliktpartei maßgeblich an der Verwüstung und Entvölkerung ganzer Landstriche schuld. Kenneth Roth, Direktor der Menschenrechtsorganisation »Human Rights Watch« betont, dass der Einsatz von Fassbomben der zentrale Impuls war, der zur historischen Flüchtlingskrise im Syrien-Krieg geführt hat: »Das offensichtliche Ziel beim Einsatz dieser Waffen ist es, die Menschen zu terrorisieren, sie aus von der Opposition gehaltenen Gebieten zu vertreiben. In manchen Städten wird besonders hart vorgegangen. Damit soll ein abschreckendes Exempel statuiert werden.«[68]

Der Osten Aleppos zählt zu diesen Gebieten. 2011 leben etwa vier Millionen Menschen in Syriens größter Stadt und ehemaligen Wirtschaftsmetropole. Knapp zwei Millionen bleiben auch im Krieg: die meisten in den westlichen Bezirken, die lange unter der Kontrolle des syrischen Regimes blieben. Anders im schwer umkämpften Osten, der Hochburg der Opposition. Hier harren nur knapp 300.000 Menschen aus. Die Menschen dies- und jenseits der Front entfernen sich im Laufe der Kriegsjahre in rasendem Tempo voneinander.[69] Während im Westen auch nach Jahren des Krieges Kinos noch offen halten, die Universitäten und Schulen in Betrieb sind, an Wochenenden in Parks Picknicks abgehalten werden, fällen ihre Landsleute im Osten erst die Bäume in den Parks, um im Winter einzuheizen, bevor sie ihre Möbel ins Feuer werfen, um nicht zu erfrieren. Stromengpässe und hohe Lebensmittelpreise erschweren den Alltag auch im Westen der Stadt, tödliche Sprengsätze schlagen ein, abgefeuert von Milizen auf der anderen Seite. Das syrische Regime verschärft die Kontrolle in dem Teil der Stadt. Sechs Fraktionen, die Armee, Milizen der Baath-Partei, mehrere Geheimdienste teilen Abschnitte der Stadt unter sich auf, kontrollieren in engmaschigen Checkpoints. Wie rigide und brutal hier vorgegangen wird, illustriert ein grauenhafter Fund Anfang 2013 in den von der Opposition gehaltenen Vierteln: Bis zu hundert Leichen, alle männlich und offensichtlich exekutiert, wurden aus dem Westen Aleppos über den Fluss Quwaiq in die Oppositionsgebiete gespült. Jene, die identifiziert werden konnten, gelten als lange verschollene Mitstreiter der Opposition.[70]

Erst als der Krieg in Aleppo im Sommer 2016 eskaliert, schnellt auch im Westen der Stadt die Opferzahl massiv nach oben. Im August 2016 sterben hier 178 Menschen, darunter 52 Kinder. Mit Gaskanistern, die mit Sprengstoff gefüllt sind, schlagen die Rebellen zurück.[71]

Auch in West-Aleppo hinterlässt der Krieg Spuren der Zerstörung, doch lange Zeit ist das Ausmaß nicht mit jenem im Osten vergleichbar. Dokumentiert ist dies durch Satelliten-Bilder, die im Auftrag der Vereinten Nationen gemacht wurden, die deutlich zeigen, dass der Großteil der zerstörten Gebäude im Osten der Stadt liegt, während der Westen nahezu intakt bleibt.[72] Tausende fallen auf dieser Seite dem Krieg zum Opfer. Im Herbst 2016 werden pro Woche bis zu hundert Tote gezählt. Wie viele wirklich umkommen, wird erst nach dem Krieg zu eruieren sein. Die Friedhöfe in Ost-Aleppo sind am Ende ihrer Kapazität. Gräber werden mit Dutzenden Leichen gefüllt. In den apokalyptischen Szenen geht jeder Überblick verloren. Auch über das Sterben.[73]

Kind sein im Kriegsgebiet

In den Vierteln der Stadt, die von der Opposition gehalten werden, scheint die Zerstörungswut entfesselt. Bereits 2013 wird die Lage hier als katastrophal eingestuft, doch ein Jahr später schon erweisen sich solche Superlative als vorschnell. Ganze Straßenzüge sind damals schon in sich zusammengesackt, die Wasserversorgung ist gekappt. Infektionskrankheiten breiten sich aus, die Infrastruktur, von Schulen bis zur Müllentsorgung oder dem Transport von Verletzten, wird von den Oppositionsgruppen irgendwie in Gang gehalten, die aber untereinander in lähmende Machtkämpfe verstrickt sind. Die improvisierte Fassade von Normalität hält dem Druck des immer intensiveren Luftkrieges kaum stand. Alleine im ersten Halbjahr 2014 schlagen 504 Fassbomben ein. Aleppos symbolische Bedeutung in dem Krieg wächst in dieser Phase des Konflikts, was zur Eskalation der Angriffe führt.

Im Mai 2014 geben die bewaffneten Oppositionsgruppen ihre Stellungen in der Stadt Homs auf. Die Bastionen hier galten als *die* Hochburg des Widerstands: 18 Monate Belagerungszustand und erbitterter Luftkrieg zwingen die Rebellen in die Knie. Sie geben die Waffen ab und verlassen die Stadt. Dieser »Erfolg« soll nun auch auf Aleppos Osten erweitert werden, die Frequenz der Angriffe wird verdichtet. Bis zu 30 Fassbomben schlagen im Juli 2014 pro Tag ein. Wer kann, flieht. In manchen Vierteln sind nur noch zwei Prozent der Bevölkerung in ihren Häusern. Denjenigen, die noch da sind, fehlt oft schlicht das Geld, ein Auto oder der Treibstoff für die Flucht. 150 Dollar kostet ein Taxi bis zur türkischen Grenze, ein Vermögen in dieser zerbombten Stadt, wo 90 Prozent überhaupt nichts mehr verdienen. Manche ziehen auch die Gewissheit der alltäglichen Gefahr dem ungewissen Schicksal der Flucht vor. Andere weigern sich, in die Knie zu gehen. Meist ist es aber eine Mischung aus all diesen Gründen.

»Was zum Teufel soll ich in einem Flüchtlingslager – dahinvegetieren ohne Würde?«, fragt Mohammed al-Kindi, der letzte Eisverkäufer im Stadtteil al-Sha'ar. Ein kleines Vermögen investiert er in den Treibstoff für die Kühlaggregate: »Ich sterbe eher hier, als zu gehen. Ich gebe meine Heimat nicht auf.« Ein paar Schritte von al-Kindis Eisdiele entfernt ist ein Hühnergrill, dessen Rollläden hochgezogen sind. Die beiden Geschäfte befinden sich an einer großen Kreuzung, wo noch viele Gebäude stehen, doch meterhohe Trümmerberge versperren die Weiterfahrt in eine der Straßen.

Der Krieg ist nie weiter weg als ein paar Schritte, vielleicht ein paar Stunden. Es ist später Vormittag, kaum jemand wagt sich auf die Straße. Nur Mahmoud, ein kleiner Bub, sitzt auf dem Gehsteig vor einem Holzbrett, auf dem sich Gurken türmen, die er verkauft. »Ich halte die Stellung, während mein Vater unterwegs ist, um Diesel für den Generator zu Hause zu besorgen. Wir schauen heute das Match im Fernsehen. Deutschland gegen Brasilien, das Halbfinale der Fußball-WM.« Um einige

Euro pro Liter wird der rare Treibstoff in alten Softdrink-Flaschen auf den Gehsteigen verkauft, der Vater wird lange unterwegs sein, um leistbaren Diesel zu finden. Normalität, auch nur ein paar Stunden Fernsehen, wird teuer erkauft.

Am Nachmittag dieses Tages schlägt dann auch hier eine Fassbombe ein. Betontrümmer, zerborstene Gurken, Blutlachen. Mahmoud, der die Gurken verkaufte, liegt auf der Straße. Er trägt jetzt ein T-Shirt, das den Dressen der deutschen Fußballmannschaft nachempfunden ist. Drei Buben kommen angerannt. Sie brüllen unter Weinkrämpfen: »Mahmoud, Mahmoud. Wir wollten doch das Match sehen.«

In dem allgegenwärtigen Wahnsinn stumpft die Wahrnehmung ab. Anders lässt sich das Leben hier nicht ertragen. Dann gibt es Momente wie diesen, in denen das Ausmaß der Tragödie in ihrer Tragweite mit einem Ruck fassbar wird. Ein toter Bub in einem von Blut getränkten Fußball-T-Shirt, sein Körper mit Staub bedeckt.

Zwei Jahre später wird das Foto eines Kindes, das einen Luftangriff in Aleppo verletzt und völlig geschockt überlebt, dafür sorgen, dass weltweit mit einem Ruck das Grauen des syrischen Bürgerkriegs die wachsende Abgestumpftheit durchbricht. Als am 18. August 2016 der fünfjährige Omran Daqneesh aus den Trümmern seines Hauses geborgen und dann auf den orangen Plastiksitz eines Rettungswagens gesetzt wird, filmt ihn ein Mitglied des freiwilligen Bergeteams der »Weißhelme«. Ein Ausschnitt des Videos wird zu einem Foto, das Millionen Male veröffentlicht, gedruckt und auf sozialen Medien geteilt wird. Omran, der beklommen und fassungslos ins Leere blickt, seine schmutzigen Hände auf den Oberschenkeln, der trotz der blutenden Wunde am Kopf nicht weint, wird zum Schlüsselbild der Krise Aleppos. Das Bild bringt auf den Punkt, was dieser Bürgerkrieg anrichtet, nicht bloß in dieser Stadt, sondern in ganz Syrien: Eine Generation wird zerstört, und damit auch die Zukunft. Allein in den ersten fünf Jahren werden fast vier Millionen Kinder in den Konflikt hineingeboren, der Kriegszustand wird ihre Normalität. Viele versäumen wichtige Schuljahre, mindestens die Hälfte von ihnen besucht so gut wie nie einen Unterricht. Insgesamt sind laut Schätzungen der Hilfsorganisation »Save the Children« 7,5 Millionen Kinder von den Kämpfen direkt bedroht. Und auch die Folgen des zuvor beschriebenen »Hungerkrieges« setzen ihrer Entwicklung massiv zu.

In jenen Regionen Syriens, in denen der Konflikt eskaliert, machen Frauen und Kinder bis zu 40 Prozent der Verletzten und Toten aus. Diese Daten wurden von »Ärzte ohne Grenzen« errechnet, basierend auf Daten aus Krankenhäusern, die von der Gruppe unterstützt werden.[74] Auch jene, die überleben, dürften ein Leben lang von den Wunden des Krieges beeinträchtigt sein. Ihre Versorgung ist nur in Ansätzen möglich. 95 Prozent der Ärzte und Ärztinnen verschwinden aus Aleppo: weil sie fliehen, weil sie entführt oder getötet werden. Die wenigen verbliebenen fürchten um ihr Leben und können nur mit Unterstützung freiwilliger Helfer die Versorgung einigermaßen aufrechterhalten.

Zu ihnen zählt Samar Attar, ein US-amerikanischer Unfallchirurg, der einige Wochen in den Kliniken Aleppos half. Ein Text über seine Arbeit in Aleppo, den er in einem Fachjournal veröffentlichte, wird zu einem schrecklichen Zeitdokument.[75] Darin beschreibt er, wie ein Bub aus der Narkose aufwacht. »Wo ist meine Mama?«, fragt er. Beide Füße mussten ihm amputiert werden, nachdem eine Rakete in das Wohnhaus eingeschlagen war. Das Schweigen auf seine Frage versteht er auf Anhieb. Seine Mutter ist bei dem Angriff gestorben. Jeder Tag bringe solche schrecklichen Momente:

»Und jedes Mal, wenn ich zurückkomme, wird es schlimmer. Wir trennen Arme und Beine ab, bekommen mit, dass manche schon im überfüllten Warteraum sterben. Müssen entscheiden, wen wir angesichts der wenigen Ressourcen noch retten. Wenn ich zwei Schwerverletzte habe, kann ich nicht beide behandeln. Und dann muss ich den Eltern in die Augen sehen und sagen. ›Ja, Ihr Kind habe ich sterben lassen, obwohl ich es retten hätte können. Ich hatte nur nicht die Zeit dafür.‹ Und wie sage ich dem 15-Jährigen, dem ein Schrapnell aus einer Fassbombe die Wirbelsäule verletzt hat, dass er vom Hals abwärts gelähmt bleiben wird?«

In den Farbschemata der Notambulanzen, die Aufnahmen nach Dringlichkeit reihen, gibt es auch die Farbe Schwarz: für jene, die sterben werden. Die spärlichen Ressourcen – auch die wenigen Schmerzmittel – brauchen jene, die noch eine Chance haben, es zu schaffen. Meist gelingt es nur deshalb, besonders schwere Fälle zu retten, weil Ärzte im Ausland über soziale Medien oder Skype erreichbar bleiben und über Tausende Kilometer hinweg über Videotelefonate kritische Operationen überwachen. Ein weltweites Netz an Aktivisten stemmt sich gegen das Sterben, während die Luftangriffe gnadenlos weitergehen.

Akute Notfälle irgendwie zu bewältigen, heißt noch längst nicht, den Kampf um die Kinder Syriens zu gewinnen. Ihre tiefen seelischen Wunden und Narben, die sie im Konflikt abbekommen, werden im Nachkriegs-Syrien zu den hartnäckigsten Problemen gehören. »Kinder können es verkraften, unter sehr schwierigen Bedingungen aufzuwachsen, wenn in ihnen eine Ahnung von Stabilität steckt«, sagt John Kahler, ein Kinderarzt aus Chicago, der auch in Aleppo aushalf: »Exakt das ist für die gesunde Entwicklung so entscheidend. Hier fehlt ihnen aber jegliches Gefühl von Sicherheit. Alle, die nach

2011 geboren wurden, und auch jene, die damals erst ein paar Jahre alt waren, wachsen ohne jede Erfahrung von Geborgenheit auf. Jugendliche und Erwachsene haben wenigstens eine Erinnerung daran gespeichert, auf die sie zurückgreifen können. Wer jetzt ein Kind in Aleppo ist, speichert nur die Erinnerung, dass es nirgends Schutz gibt – weder zu Hause noch in einem Krankenhaus.« Kahler beobachtete, dass sie überängstlich sind, bei jedem kleinsten Geräusch zittern und weinen: »Ständig scannen sie die Umgebung ab, ob sich irgendwo etwas Schlimmes zusammenbraut. Ausnahmezustand empfinden sie als normal.« Es drohe, meint er, die Gefahr, dass sich die neue Generation nur noch in einer Welt zurechtfinden könne, die von Gewalt geprägt ist. Auch ihre Eltern werden massiv unter den Folgen zu leiden haben: »Wenn ich nachts aufwache, hier im sicheren Amerika, weil mich die Erinnerungen an Aleppo hochschrecken lassen, dann fallen mir nicht die fürchterlichen Wunden der Kinder als erstes ein, das mag überraschend sein. Aber mich verfolgen die Erinnerungen an Gespräche mit den verzweifelten Eltern, die mir unter Tränen schilderten, dass sie daran zerbrechen, weil sie ihre Kinder nicht schützen können.«

Es sei schlimmer als Todesangst, dieses grässliche Gefühl von Hilflosigkeit und Ohnmacht, betont auch Mosab al-Omar. Vor dem Krieg hat der 24-Jährige begonnen, Psychologie zu studieren, er blieb mit Frau und Kindern in seiner Heimatstadt. »Wenn wir hören, dass ein Angriff kommt, rennen alle hysterisch irgendwo hin. Das brennt eine Lücke in die Seele. Das Nichts, das sich in diesem Moment auftut. Denn es ist sinnlos, wegzulaufen. Da starren mich die Kinder an, geschockt sagen sie: ›Wohin, Papa?‹. Und nichts fällt mir da ein.« Nach den Angriffen, wenn es wieder ruhig wird, kommen andere Fragen hoch. »Wie werden wir jemals wieder so etwas wie Normalität erleben? Wie werden wir diesen Schock in Zeitlupe jemals bewältigen? Nicht jeder Einzelne. Sondern wir als Gesellschaft. Wie werden wir jemals aufhören, uns fürchterlich hassen zu wollen für das, was wir einander angetan haben? Werde ich je wieder auf der anderen Seite der Stadt spazieren gehen und mir nichts denken? Oder die anderen bei uns?«

Aleppo, die geteilte Stadt

Die Bruchlinien in Aleppo zeichneten sich schon lange vor Kriegsbeginn ab. Sie skizzierten allerdings nur in Ansätzen Fronten eines Konflikts zwischen religiösen Gruppen: 2011 waren zwei Drittel der Einwohner arabische Sunniten, etwa ein Fünftel Kurden, zehn Prozent Christen. Der Anteil von Alawiten war historisch gering, zum Großteil waren es Beamte und die Familien von Berufssoldaten aus der Küstenregion. Aleppo illustriert somit, wo die eigentlichen Brüche in Syriens Gesellschaft verliefen. Zwischen den wohlhabenderen Bewohnern der Stadt, die mehrheitlich in den westlichen Stadtteilen lebten, und den Vierteln im Osten, wo viele Bewohner so wie die Bevölkerung in Dara'a oder den Vorstädten Aleppos zu den Verlierern der neoliberalen Wirtschaftspolitik von Baschar al-Assad zählten.

Auch die extreme Dürre des vergangenen Jahrzehnts änderte die soziale Struktur der Metropole. Eine massive Stadtflucht setzte ein. Neben dem Süden und Dara'a war der Norden heftig betroffen, hier verließen ab dem Jahr 2000 bis zu 300.000 Menschen ihre Dörfer.[76] In Aleppo zog es sie verstärkt in die Bezirke des Ostens, wo die sozialen Probleme überhandnahmen. Doch es waren nicht nur die Wetterkapriolen und die jüngste Sparpolitik des Regimes, die Teile der Stadt von

Damaskus und dem Regime entfremdeten. Nach dem blutigen Konflikt mit der syrischen Muslimbruderschaft hatte der frühere Präsident Hafiz al-Assad die Stadt gemieden und die Infrastruktur grob vernachlässigt. Anders als sein Vater besuchte Assad junior die Stadt häufig und ließ in die Renovierung der Altstadt hohe Summen fließen. 2006 wurde sie auch in Folge dieser Anstrengungen von der UNESCO zum Weltkulturerbe ernannt. Doch wie vieles an Assads Reformen war es Kosmetik, wenn es auch der Stadt als Ganzes guttat.

Als die syrische Revolution beginnt, scheint Aleppos Bevölkerung immun, die tonangebende Elite gilt dem Regime gegenüber als loyal. Erst im Mai 2012 beginnen erste Proteste auf dem Gelände der Universität. Dreißig Studenten sterben, als Sicherheitskräfte das Feuer auf die Demonstration eröffnen, zahlreiche Aktivisten werden verhaftet und verschwinden für immer im Gefängnis. So wie in den anderen Zentren der Opposition verstärkt dies erst recht den Zulauf zu weiteren Demonstrationen. Die Lage spitzt sich zu.

Trotzdem gilt es als eine große Überraschung, als eine Allianz von bewaffneten Oppositionsgruppen im Sommer 2012 vom Hinterland aus ihre Offensive auf die Stadt startet. Es wird der erste militärische Großangriff der Aufständischen, und, wie später noch öfter, ist er vom Einsatz der Dschabhat al-Nusra und anderen Extremisten-Gruppen getragen.[77] Von einer »plötzlichen Wende des Bürgerkriegs«, ist in diesem Sommer die Rede, als der Konflikt gerade ein Jahr alt ist, von *der* entscheidenden Schlacht um Aleppo. Am 20. Juli 2012 beginnt der Angriff in einem denkbar ungünstigen Moment für Baschar al-Assad und seine Armee. Zwei Tage zuvor sterben bei einem Bombenattentat auf das Hauptquartier der Abteilung für innere Sicherheit in Damaskus Assads Sicherheitsberater, der Verteidigungsminister, dessen Stellvertreter, der Innenminister und Assef Schawkat, der mächtige Schwager des Präsidenten. Die Überlebenden des Regimes bleiben tagelang in Schockstarre.

In den ersten Tagen sieht es sogar so aus, als würde es den Rebellen gelingen, die gesamte Stadt einzunehmen. Rasch aber übersetzen sich die schon bestehenden Verwerfungen der Stadt in eine Front, die Aleppo über Jahre in zwei Hälften teilen wird. Die gut situierten Bezirke bleiben unter der Kontrolle des Regimes, der marginalisierte Osten wird Bastion der Opposition. Im Gegensatz zu anderen Städten und Regionen, die von der Opposition kontrolliert werden, sind es nicht die eigenen Leute, sondern Milizen aus der Provinz, die Aleppo nun kontrollieren. Dies führt dazu, dass von Beginn an Spannungen entstehen. Fluchtbewegungen setzen ein. Jene, die mit der Opposition sympathisieren, ziehen in den Osten. Und umgekehrt. Wer versucht, in den Westen zu gelangen, tut dies nicht nur aus politischer Sympathie für das System Assad, sondern um seine Haut vor den drohenden Kämpfen zu retten. Denn schnell wird klar, dass eine heftige Auseinandersetzung folgen wird.

Binnen Wochen nach dem Großangriff auf Aleppo wird klar: Die Rebellen-Milizen überschätzen sich. Schon vorher hatte es Spannungen innerhalb der FSA gegeben. Einige Kommandanten warnten davor, dass die lokalen Gruppen aus dem Umland als Besatzungsmacht gesehen werden könnten. Denn eigentlich war dies bislang die Taktik des losen Bündnisses der lokalen Milizen: Es wurden jene Dörfer und Städte kontrolliert, aus denen die Kämpfer stammten.

Die Warnungen bewahrheiten sich. Mitunter gibt die Bevölkerung der Stadt dem hastigen Vorgehen der Rebellen die Schuld an der wachsenden Misere. Erst als nach und nach

Kämpfer aus der Stadt das Kommando übernehmen und sich eine politische Opposition formiert, die sich gegen extremistische Tendenzen anderer Milizen stellt, weicht die Ablehnung. Vor allem aber ist es das harte Vorgehen des Regimes, das die Menschen zusammenschweißt.

Black Box Bürgerkrieg

2014 ist das letzte Jahr, in dem es ausländischen Reportern noch regelmäßig gelingt, in dem von der Opposition gehaltenen Teil der Stadt zu arbeiten. Syrien gilt mittlerweile als das gefährlichste Land für Journalisten: Über hundert sterben in dem Konflikt. Mehrere Dutzend internationale Journalisten werden von Einheiten der syrischen Regierung verhaftet, weil sie illegal eingereist sind, oder sie werden von dschihadistischen Gruppierungen als Geiseln genommen, zum Großteil von der Terrormiliz »Islamischer Staat«.[78] Als im Spätsommer 2014 internationale Reporter vom IS enthauptet werden, beenden fast alle Journalisten – auch ich – weitere Recherchen in den von der Opposition gehaltenen Gebieten.

Reisen nach Aleppo und in andere von der Opposition gehaltene Gebiete werden für alle, Syrer, internationale Beobachter, Flüchtlinge, Helfer, ein brisantes Unterfangen. Besonders gilt dies für Aleppo: Die Verbindung zum Hinterland ist über Jahre hinweg mehr als fragil, lange bevor die echte Belagerung beginnt. Die syrisch-türkische Grenze ist gerade einmal 80 Kilometer entfernt, könnte man die Autobahn nehmen. Doch die Region wird, wie die Stadt selbst, laufend von Luftstreitkräften angegriffen, die offene Trasse der Schnellstraße bietet keine Deckung. So führt der Weg über verwaiste Dörfer, vorbei an Friedhöfen und Feldern. Trotz solcher Umwege bleibt der letzte Teil der Strecke lebensgefährlich. Selbst routinierten Reportern wie mir wird hier klar, wie brisant solche Reisen sind. Der Fahrer drückt mit einem Mal das Gaspedal durch, nachdem er überprüft hat, dass sein automatisches Gewehr auf dem Beifahrersitz gesichert ist. Mit fast 150 Stundenkilometern rast er über diesen letzten Abschnitt vor der Stadt. Ein paar hundert Meter sind die Gefechtspositionen der syrischen Armee entfernt. Die Sicht auf den Wagen ist frei. Da gibt es keine Deckung außer Tempo: Der Fahrer weiß, welche Schlaglöcher zu breit sind, um ausweichen zu können. Gradlinig steuert er das Auto über tiefe Krater, die Bodenplatte schlägt auf, ein Ruck geht durch das Fahrzeug. Fünf Minuten dauert es, die Strecke entlang des Industriegebiets zu durchqueren: Jeder, der hier durch muss oder will, riskiert sein Leben, um bis Aleppo zu kommen. Dies schon im Sommer 2014.

»Es ist mit jedem Tag gefährlicher dort. Ich weiß nicht, ob wir die Straße noch lange halten können«, muss Abu Hamzi Arandas, Kommandant der Rebellen-Miliz Liwa al-Tawhid, zugeben. Auf seinem Posten an der Front in der Altstadt wartet er auf Neuigkeiten von den Gefechten im Industriegebiet, durch das diese letzte Verbindung nach Aleppo führt. Seine Miliz hält nun die Kontrolle in Ost-Aleppo, wenigstens offiziell. Der 34-Jährige war früher Unternehmer, betrieb ein florierendes Export-Import-Unternehmen: der Prototyp eines »moderaten Rebellen«, der als Schlagwort des Syrien-Konfliktes oft kursiert. In nächster Nähe zeigen sich aber Kratzer an diesem Image. Als es um ein gemeinsames Foto nach dem Interview geht, bittet er mich, ein Kopftuch aufzusetzen. Es ist eigentlich eine beiläufige Szene, doch sie bringt das Dilemma von Kämpfern wie Abu Hamzi auf den Punkt. »Wissen Sie«, sagt er verlegen: »Wenn ich mich jetzt mit einer unverschleierten Frau fotografieren lasse, könnte das unsere wichtigsten

Verbündeten aufbringen.« Damit meint er die Dschihadisten-Miliz Dschabhat al-Nusra, die zur al-Kaida gehört.

Der Moment, Anfang Juli 2014, als dieses Gespräch stattfindet, wird später zu den entscheidenden Wendepunkten des Konflikts zählen. Erst wenige Tage ist es her, dass der Führer der Terrormiliz »Islamischer Staat«, Abu Bakr al-Baghdadi, die Wiedererrichtung des »Kalifats« ausgerufen hat. Zuvor gelang es der Gruppe in einem Blitzkrieg, weite Teile Syriens und des Irak zu erobern. Die Miliz hatte gänzlich andere Ambitionen, als den Widerstand gegen das Regime von Baschar al-Assad zu unterstützen. Die Gruppe wollte ihren eigenen Staat und sie wollte weiter an Boden gewinnen. »Wir haben jetzt zwei Fronten«, sagt Abu Hamzi resignierend: »Gegen die Armee Assads und seine Verbündeten und gegen den ›Islamischen Staat‹. Wir kämpfen mit dem Rücken zur Wand.« Ob die »moderate« Opposition, die Freie Syrische Armee, zu der seine Miliz gehört, dem standhalten kann, lässt er offen. »Ich habe keine Ahnung, ob wir Aleppo unter diesen Bedingungen halten können. Sehen Sie, vor genau einem Jahr, im August 2013, da gab es diesen Giftgasangriff auf Ghouta, die Vorstadt von Damaskus, eine Stadt unter Kontrolle der Opposition, verübt von der Armee Baschar al-Assads mit mehr als tausend Toten. Immer wieder hat der amerikanische Präsident zuvor betont, dies sei eine rote Linie. Wenn Giftgas eingesetzt wird, gibt es militärische Konsequenzen. Und was ist geschehen? Nichts.« Der Kommandant bekommt dann Besuch von seinen beiden Söhnen Hamza, 9, und Mohammed, 10. Die Buben tragen Camouflage-Uniformen, und einmal mehr wird deutlich, wie rasch sich Kinder hier an das Umfeld Krieg anpassen. Noch leben sie mit Vater und Mutter in Aleppo, in der Altstadt. »Hier, dicht an der Front«, so Abu Hamzi, »ist es am sichersten. Da wagen sie es nicht, Fassbomben abzuwerfen, denn mit diesen ungenauen Geschossen würden sie ihre eigenen Leute treffen.« Ein zynischer Krieg sei dies, sagt er. »Am besten ist es, so schnell wie möglich von hier wieder wegzufahren. Sonst wird man ein Teil des Wahnsinns. Das geht sehr, sehr schnell.«

Der Kampf um Syriens Städte

In der Altstadt prallen die beiden Teile Aleppos aneinander. Hier schlängelt sich durch Trümmerberge, an zerschossenen Fassaden vorbei, abgesteckt mit rostigen Tonnen, die Kampflinie durch das Zentrum einer der ältesten durchgehend bewohnten Städte der Welt. Die Positionen der Liwa al-Tawhid und jene der syrischen Armee sind oft nur fünf oder zehn Meter voneinander entfernt. Es genügt, ein-, zweimal abzubiegen und das von der allgegenwärtigen Panik bereits schallgedämpfte Brummen des Alltags ebbt plötzlich ab. Gassen und Straßenabschnitte, die im Fadenkreuz der Scharfschützen liegen, friert eine unnatürliche Stille ein. Auch bei 43 Grad Celsius im Juli. Handbeschriebene Holztafeln warnen an den Straßenecken vor den Heckenschützen. In manchen Vierteln sind zwischen den Häuserreihen Tücher gespannt, um die Sicht auf Passanten zu stören. Es ist aber oft nicht nötig, dass jemand »Achtung!« zischt. Es ist diese Stille, die mahnt, sofort in Deckung zu gehen, und die dazu führt, sich nur eines zu wünschen: wegzulaufen, sofort.

Scharfschützen zielen auch auf Passanten, die den lange bestehenden einzigen »regulären« Übergang zwischen den beiden Teilen Aleppos in Bustan al-Qasr nehmen. Sie riskieren es, um Geld abzuheben, eine Prüfung abzulegen, die Familie zu sehen, einzukaufen. An diesem Punkt tritt eine der wenigen absoluten Wahrheiten dieses Kriegs zutage: In erster Linie kämpfen hier nicht zwei – oder mehrere – Kriegsparteien gegeneinander. Vielmehr ist der Krieg um Syrien eine Offensive gegen die Zivilbevölkerung. Wer hier durch will, muss damit rechnen, an korrupte Kämpfer der Opposition »Gebühren« zahlen zu müssen, oder zum Opfer von Schießübungen der syrischen Armee zu werden. Anders könne er sich die Art der Verletzungen nicht erklären, sagt David Nott, ein britischer Unfallchirurg, der für »Ärzte ohne Grenzen« in Aleppo in einer Klinik nahe des Übergangs im Einsatz war:[79] »Jeden Tag brachten sie uns zwischen 12 und 15 Verletzte, die von Scharfschützen attackiert worden waren. Gespenstisch war, dass sie an dem jeweiligen Tag alle sehr ähnliche Wunden hatten. So wussten wir: Wenn am Morgen jemand mit einem Einschuss am rechten Arm kam, würden wir noch weitere mit exakt dieser Verletzung sehen. Wenn jemand einen Bauchschuss hatte, dann konnten wir uns darauf verlassen, dass die nächsten sechs auch einen haben werden.« Nott vermutet, dass die Scharfschützen gezielt bestimmte Körperteile anvisieren, als Teil eines sadistischen Spiels, wie er meint. Er sprach darüber mit einem Bekannten in der Stadt, der ihm seinen Verdacht bestätigte: Demnach hätte man den Funkverkehr abgehört und dabei mitbekommen, dass es Wetten gebe, ob ein jeder den gleichen Punkt treffen könne. Einmal hätte man gehört: »Ich wette um eine Schachtel Zigaretten, dass ich dieses Bein treffe ...«

Nichts von all dem ist Zufall. Weder der Einsatz von MiG16-Kampfjets am Beginn des Krieges um Aleppo, noch die Fassbomben, noch der Terror der Scharfschützen oder die weiter oben geschilderten Belagerungen. All dies gehört zu einer Strategie, die das syrische Regime im Lauf des Konflikts entwickelt hat. Es geht um den Krieg um die Städte Syriens, darum, jene Teile und Siedlungen, die von der Opposition kontrolliert werden, zurückzuerobern. Mehr als die Hälfte der Bevölkerung lebte 2011 in den vier größten Städten des Landes: in Aleppo, Damaskus, Homs und Hama. Wer sie kontrolliert, der kontrolliert faktisch das Land. Es ist ein schwieriges Terrain für eine Armee wie jene Syriens. Nur im bewohnten Gebiet haben die lediglich leicht bewaffneten Rebellen-Milizen eine Chance, sich zu halten. Im Gegensatz dazu ist es für die syrische Armee und ihre Luftwaffe, die später auch von Russland unterstützt wird, am leichtesten, Gebiete wieder einzunehmen, die quasi entvölkert sind. Emile Hokayem, Syrien-Experte am »International Institute for Strategic Studies«, sieht darin ein klares Muster:[80] »Dort, wo es nicht mehr möglich ist, die Loyalität der Bevölkerung wiederzugewinnen, hat eine militärische Eroberung keinen Sinn. So ist es wesentlich billiger, sie zu vertreiben. Dort, wo niemand mehr ist, gibt es auch keinen Aufstand mehr.« Eine zweite Variante wurde parallel dazu entworfen: Rebellen-Gebieten wurde nach massivem militärischem Druck angeboten, lokale Abkommen zu schließen, um die Kämpfe »einzufrieren«. So ist es gelungen, auch hartnäckigen Widerstand zu brechen: in Homs, aber schlussendlich auch in der belagerten Stadt Daraya. Jene Tausende, die vier Jahre Belagerung überstanden hatten, wurden nach dem Fall der Stadt nach Idlib »evakuiert«.

Ein Angebot des Regimes, auch im Osten Aleppos die Kämpfe einzufrieren, lehnen die bewaffneten Gruppen 2015 ab. Sie ahnen, dass die syrische Armee massiv geschwächt ist, und wittern eine Chance, die gesamte Stadt erobern zu können. Doch was jetzt folgt, ist noch nicht das Ende der Geschichte des Kampfes um Aleppo, sondern lediglich der Beginn des nächsten Kapitels: Auf Baschar al-Assads oben erwähntes Zugeständnis der Schwäche im Juni 2015 folgt der Kriegseintritt Russlands im Herbst dieses Jahres. Dies ändert die Machtverhältnisse in Syriens Bürgerkrieg massiv und so auch die Schlacht um Aleppo. Mit dieser weiteren Eskalation zementieren sich die Lager in dem Krieg ein, denn mehr und mehr signalisieren auch die USA nun ihre Bereitschaft, auch militärisch in die Auseinandersetzung einzugreifen. Entscheidend ist ab jetzt auch die veränderte Strategie der Türkei: Statt aus dem Hintergrund Extremisten zu stützen, greift auch dieses Land offen in den Krieg ein. Das scheintote Bündnis der FSA gewinnt durch die Unterstützung wieder an Macht. Anfang 2016 sah es freilich noch überhaupt nicht danach aus.

Zu diesem Zeitpunkt sind zwei Rebellen-Dachverbände in Aleppo aktiv. Die Fatah Halab (Eroberung Aleppos) und die Dschaisch al-Fatah (Armee der Eroberung). In der Fatah Halab kämpfen vor allem Einheiten der alten FSA. Dschaisch al-Fatah ist ein Sammelbecken teilweise dschihadistischer Gruppen, das von der Dschabhat al-Nusra, der syrischen al-Kaida-Fraktion, dominiert wird. Exakte Zahlen zur Stärke der Gruppen sind schwierig zu erheben, da es sich eben um Bündnisse von Hunderten kleinen Milizen handelt. Immer wieder wechseln einzelne Einheiten von einem Lager zum anderen. In Summe dürften bis zu 100.000 Kämpfer auf beiden Seiten unter Waffen stehen.

Neben diesen arabischen Gruppen halten kurdische Milizen den Stadtteil »Scheich Maqsoud«, der direkt neben der Castello Road liegt. Dies ist ab Anfang 2016 die letzte Verbindungsstraße in den von den Rebellen gehaltenen Osten Aleppos. Die kurdischen Milizen waren anfangs Teil der bewaffneten Opposition gegen das Regime Baschar al-Assads, doch mehr und mehr beginnen sie für ein anderes Ziel zu kämpfen: ein zusammenhängendes Siedlungsgebiet. Sie werden somit zu einem eigenständigen Akteur. Das oft zitierte »Chaos« im Bürgerkrieg Syriens hat somit im sechsten Jahr des Krieges seinen Höhepunkt erreicht.

Der Mini-Weltkrieg um Aleppo

»Seit uns ab dem September 2015 auch die Russen bombardieren, erleben wir in Aleppo die Hölle hoch zehn. Das Einzige, was wir in Aleppo noch tun können, ist, dabei zu helfen, die verletzten Zivilisten aus den Trümmern zu bergen«, lautet die resignierende Bestandsaufnahme von Mohammed al-Ahmad, Sprecher der Miliz Dschabhat al-Schamiya, eine der größten Milizen der moderaten Fatah-Halab-Allianz: »Es ist die Strategie, die Russland auch in Tschetschenien umsetzte. Verbrannte Erde. Schauen Sie sich Bilder der Stadt Grosny am Höhepunkt des Krieges an und vergleichen Sie die mit Aleppo heute.«

Die Angst, die seit der Eroberung von Ost-Aleppo kursiert, wird im Laufe des Jahres 2016 Realität. Das Gebiet gerät in Belagerungszustand. Kurz bevor die bewaffnete Opposition die Kontrolle über die letzte offene Verbindungsstraße nach Ost-Aleppo, die Castello Road, verliert, kann der Arzt Samar Attar sie noch einmal passieren. War es 2014 fürchterlich, nach Aleppo zu fahren, so wird es nun zum Horrortrip. Die damals benutzten Superlative, um die Fahrt in die Stadt zu beschreiben, klingen schal, wenn man den Arzt nun nach der Fahrt fragt: »Jeden Moment hat man das Gefühl, Ziel der nächsten Rakete zu werden. Es stinkt nach versengtem Metall, nach Verwesung, weil es niemand wagt, jene zu bergen, die am Weg erschossen wurden«, berichtet er: »Ausgebrannte Fahrzeuge verstellen den Weg. Am Horizont steigen Rauchsäulen auf. Die Gebäude entlang der Route sind in sich zusammengesackt. Ständig hört man das Dröhnen der Jets, die Detonationen von Granaten, die Salven von Maschinengewehrfeuer. Es ist die Hölle hoch zehn.«

Der noch in Aleppo tätige Osama Abo al Ezz versucht mit allen Kräften Hilfe herbeizuschreiben:»Uns gehen die Särge aus, um unsere Freunde, Kollegen und Familienmitglieder zu begraben«, formuliert er in einem Offenen Brief:»Es wird so weit kommen, dass die Bomben jedes Leben in unserer Stadt zerstört haben. Wir sitzen in einer tödlichen Falle. Können nicht mehr fliehen. Die Zeit, die uns noch bleibt, ist knapp.«

Nach 80 Tagen Dauerbombardement, das mindestens 6000 Tote fordert, wird die Castello Road von Einheiten der iranischen Revolutionsgarden, die nun als Bodentruppe des Assad-Regimes agieren, erobert. Deckung geben ihnen russische Kampfjets.»Aleppo: Das ist die Hölle«, formuliert es dann auch Clarissa Ward, Krisenreporterin des Fernsehsenders CNN. Am 9. August 2016 wird die Journalistin, die immer wieder in der Stadt recherchierte, gebeten, vor dem Sicherheitsrat der Vereinten Nationen die Lage in der Stadt zu schildern.[81] »Menschen werden mit Phosphor und Streubomben angegriffen. Händeringend bitten sie um Hilfe. Und dabei wird etwas zerstört, was noch viel schwieriger wieder aufgebaut werden kann als eine Stadt. In Aleppo wird das Vertrauen getötet: das Vertrauen in die syrische Regierung, in Russland, dessen Militär in dem Krieg gegen die Stadt mitkämpft. Aber es ist auch das Vertrauen in Sie erloschen«, sagt Ward, blickt dann in die Runde der UN-Diplomaten und ergänzt:»Das Vertrauen in uns alle, in die internationale Gemeinschaft.«

Auch wenn die Kampfhandlungen weitergehen, möglicherweise noch sehr lange, markiert dies in gewisser Weise ein Ende des Krieges, denn es kristallisiert sich heraus, dass niemand mehr gewinnen kann. Diese Wahrheit blitzte schon aus den Ruinen der Stadt Daraya hervor. Nun, in Aleppo, springt sie einem ins Gesicht.

Bei den Angriffen würden sich ganze Straßenzüge in einen regelrechten Feuerteppich verwandeln, berichtet Mahmoud Raschwani, ein politischer Aktivist der Opposition: »Im Vergleich zu dem, was jetzt passiert, waren die Fassbomben gar nichts. Auch wenn die Sonne scheint, trüben Rauch, Staub und Asche den Himmel. Es sieht aus wie das Ende der Welt. Das kenne ich aus Hollywood-Filmen. In den Straßen irren Menschen umher, die so schwer traumatisiert sind, dass sie keine Ruhe mehr finden«, so Raschwani. »Wir leben nur noch von einem Tag auf den nächsten. Siegen heißt für mich, den Tag überleben. Weiter wagen wir nicht mehr zu denken.«

Plötzlich, am letzten Juli-Tag 2016, kippt die Stimmung: Dichte, anthrazitgraue Rauchschwaden liegen über den umkämpften Stadtteilen. Kinder stecken Reifen in Brand. »Wir schaffen nun unsere eigene Flugverbotszone«, rufen die Menschen in Videokameras. Noch in den Tagen zuvor herrschte hier stumme Verzweiflung. Diese Szenen gleichen nun einem Ausbruchsversuch der Menschen aus dem Gefängnis, das ihre Stadt geworden ist. »Überall hört man Explosionslärm und Tausende sind auf den Straße und demonstrieren«, beschreibt der syrische Journalist Rami Jarrah die Stunden, bevor wieder ein Bündnis von zwei Dutzend bewaffneten Rebellengruppen eine Offensive auf Aleppo startet.

So wie bei der Eroberung der Stadt 2012 ist dies eine Überraschung, und auch hier spielen Dschihadisten-Gruppen um die eben umbenante Nusra-Front die Hauptrolle. Mit einer Welle von Selbstmordanschlägen wird die drittgrößte Artilleriebasis der syrischen Armee im Stadtteil Ramousseh angegriffen. Die russische Luftabwehr scheint hilflos, die Truppen

Assads überfordert. Extremistische Milizen auf beiden Seiten übernehmen das Zepter des Handelns: Einheiten des iranischen Regimes und die libanesische Hisbollah aufseiten des Assad-Regimes[82], Dschihadisten aufseiten der Rebellen. »Für euch in Europa sind es Radikale, mit denen ihr nichts zu tun haben wollt. Für uns sind es heute Rebellen wie alle anderen, die uns helfen, die fürchterliche Belagerung zu durchbrechen«, sagt Mahmoud Raschwani.

Die Bevölkerung des Westteils Aleppos sieht das anders. Sie fürchtet, von »Terroristen« eingenommen zu werden, sollte die Offensive weitergehen. Ein Journalist aus dem Stadtteil, der unter dem Pseudonym »Edward Dark« für internationale Medien lange sehr kritisch über das Assad-Regime berichtet hat, lässt durchblicken, dass er nun jeden Glauben an eine demokratische Opposition verloren hat: »Wenn man gegen ein Monster kämpft, läuft man Gefahr, selbst eines zu werden«, sagt er über die Rebellen resignierend: »Die Bereitschaft der bewaffneten Gruppen, einen Pakt mit dem Teufel einzugehen, um ihren Gegner zu bezwingen, wird die Ekstase über den Sieg rasch in Ernüchterung verwandeln. Es wird einen Moment geben, in dem sie erwachen und realisieren, dass sie als Instrumente missbraucht wurden von Terroristen, die ein mittelalterliches System installieren wollen, in dem sie mit brutaler Gewalt herrschen.«[83] Aleppo ist also zerfallen in diesem Krieg: eine Analogie für ganz Syrien. Es gibt zwei Lager, die sich nur mithilfe von Extremisten noch auf dem Schlachtfeld halten können.

Im September 2016 scheitern Verhandlungen über eine Waffenruhe abermals. Eine Angriffswelle nach der anderen trifft Aleppo. »Es ist das Ende der Welt. Tote liegen auf der Straße, die niemand mehr bergen kann, tiefe Lacken voller Blut, überall brennt es. Und niemand weiß, wohin man fliehen soll«, beschreibt Ammar al-Selmo vom Team der »Weiß-helme« die Katastrophe.

In den folgenden Wochen verschärft sich der Kampf um Aleppo noch weiter. Der kurze Durchbruch des Belagerungs-ringes fällt in sich zusammen. Ebenso die Friedensverhand-lungen, die wenigstens eine stabile Waffenruhe ermögli-chen sollten. Bunkerbrechende Bomben schlagen ein, kaum ein Haus im Osten der Stadt ist da noch intakt. Die lokale Verwaltung kann die Bevölkerung kaum noch ernähren: Es schrumpfen die Vorräte an Mehl und Öl. Gekocht wird auf of-fenem Feuer, meistens nur noch Tee. Zu essen gibt es in vielen Haushalten nur noch getrockneten Thymian. »Wir beten, dass wir nicht verletzt werden. Die Lage in den wenigen Kranken-häusern ist so fürchterlich, dass man es höchstens eine halbe Stunde aushält«, berichtet der Student Omar Shaaban: »Sie sind überfüllt und die Menschen brüllen vor Schmerzen.«[84]

Bomben würde es regnen, sagt er. Doch eine Flucht aus der Stadt, aus dem Kriegsgebiet, ist kaum möglich. Ganz abgese-hen davon, dass Aleppo belagert ist, wüsste man auch danach nicht weiter. Sieben Millionen Menschen sind im Laufe des Krieges aus dem Land in die Nachbarländer geflohen. Doch seit Anfang 2016 ist nicht nur Europas Balkanroute, sondern sind auch alle Grenzen um Syrien dicht. Ein Kriegswinter be-ginnt, der den Überlebenden Übermenschliches abverlangt.

Eine Feuerpause im Oktober endet in einer weiteren Offen-sive gegen die Stadt Ende des Monats. 900 Menschen sterben in den folgenden vier Wochen, als die Angriffe wieder aufge-nommen werden. Darunter 180 Kinder. »Es ist eine Offensi-ve im Gange, wie wir sie zuvor nicht erlebt haben«, versucht der Journalist Rami Jarrah das Ausmaß der Eskalation in die-sen Tagen zu beschreiben. Nur: Mehr und mehr gehen den Menschen in Aleppo die Worte aus, um das Grauen noch verständlich zu machen, das sie erleben. Alleine in der letzten Novemberwoche 2016 wurden 490 Luftangriffe gezählt. Bei den Angriffswellen legen sich Eltern schützend über ihre Kinder. Die letzten Zufluchtsorte, Keller oder Bunker gelten nun als tödliche Fallen, weil es kaum noch ausreichend Bergegerät und Mannschaften gibt, um Verschüttete nach einem Treffer auszugraben. Zu diesem Zeitpunkt wird auch das letzte Krankenhaus im Osten der Stadt zerstört. »250.000 Menschen können in Ost-Aleppo nicht mehr medizinisch versorgt werden«, stellt die Weltgesundheitsorganisation am 20. November 2016 bitter fest. Bei den Angriffen gegen die Gesundheitseinrichtungen kam es zuvor zu dramatischen Szenen. Etwa als das letzte Kinderkrankenhaus just in dem Moment getroffen wurde, als Dutzende Kinder, mit schwerer Atemnot kämpfend, behandelt werden müssen, weil eine mit Chlorgas gefüllte Fassbombe abgeworfen worden war. Immer wieder gibt es auch Berichte – und Beweise – zum Einsatz von Kampfgas.

Der Osten Aleppos ist nicht mehr zugänglich für Hilfe von außen. Ebensowenig ist es vorerst möglich, diesen Teil der Stadt zu verlassen. Zuletzt hat Mitte Juli ein Hilfskonvoi mit Nahrungsmitteln die Stadt erreicht. Im November wird der erste Todesfall durch Unterernährung dokumentiert: Ein 10-jähriger Bub stirbt an Hunger. Es ist der Moment, als die letzten noch vorhandenen Lebensmittelvorräte aufgeteilt werden. Ab diesem Zeitpunkt ist jeder Einwohner nur noch auf sich selbst gestellt. Erste Aufstände gegen die von der politischen Opposition getragene Selbstverwaltung der Rebellenhochburg brechen aus. Die Zivilbevölkerung beginnt nun, in ihre eigene Schlacht zu ziehen: in den verzweifelten Überlebenskampf.

In deutlich geringerem Ausmaß, aber mit fürchterlicher Regelmäßigkeit, wird auch der Westen der Stadt nun von

Sprengsätzen aus dem Osten unter Feuer genommen. Zu einem verheerenden Anschlag kommt es am 20. November, als eine Schule getroffen wird und acht Kinder sterben.

Der brutale Krieg um Aleppo verdeutlicht die Katastrophe, die sich in Syrien ereignet und spiegelt wie ein Seismograf sofort weltpolitische Veränderungen. Etwa die Wahl von Donald Trump zum US-Präsidenten. Bereits kurz danach wird deutlich, welchen Kurs er anstreben will: Stabilität um jeden Preis, dazu setzt er auf autokratisch agierende Führer. Der ägyptische Präsident Abdel Fattah al-Sisi beispielsweise zählte zu Trumps ersten Gratulanten. Al-Sisi kündigte wenig später an, künftig »die syrische Armee« unterstützen zu wollen. Dies gilt als erstes klares Zeichen für einen Kurswechsel der Syrien-Politik durch die neue US-Administration. Trump ließ bereits in seinem Wahlkampf durchblicken, dass er nicht gewillt sei, am bisherigen Kurs festzuhalten und moderate Rebellen zu unterstützen. »Wir wissen nicht, wer diese Leute sind«, betonte er. Dass die amerikanische Regierung jene 80 Gruppen, die sie zu diesem Zeitpunkt trainierte und auch bewaffnete, in einem sehr aufwändigen Prozess einer kritischen Prüfung unterzogen hatte, ließ er geflissentlich unerwähnt.

Seine Strategie, betonte er, werde es sein, sich auf den Kampf gegen die Terrormiliz IS zu konzentrieren. »Dazu muss man mit Russland kooperieren.« Dass freilich die russische Luftwaffe nur acht Prozent ihrer Angriffe in Syrien gegen den IS führte, aber massiv gegen die moderate Opposition vorgeht, auch dieses »Detail« ließ Donald Trump aus.

Die dramatischen Angriffe auf Aleppo kurz nach der Wahl Trumps gelten als erstes Indiz dafür, dass Baschar al-Assad samt seinen Verbündeten, allen voran Russland, noch stärker als zuvor auf die Strategie von Bomben- und Hungerkrieg setzen wird, um jene Teile Syriens, die unter Kontrolle der Aufständischen sind, in die Knie zu zwingen. Dies tun sie schonungsloser denn je auf dem Rücken der Zivilbevölkerung. »Wir werden Aleppo einnehmen«: Wie ein Mantra betont Assad sein Vorhaben. Um dies durchzusetzen, scheint ihm kein Preis zu hoch zu sein. Doch trotz aller Rhetorik und trotz allen Kriegslärms zeigen sich zu diesem Zeitpunkt auch immer deutlicher die Bruchlinien in jenen Teil des Landes, die vom Regime kontrolliert werden. Der Aufbau einer »fünften Brigade« wird von Assad propagiert, zu der sich Freiwillige melden sollen. Der Aufruf illustriert, dass weder die syrische Armee noch ihre paramilitärischen Einheiten und auch nicht mehr die mit ihr verbündeten Milizen aus dem Ausland ausreichend Atem für ein weiteres Kriegsjahr haben.

Bei Redaktionsschluss dieses Buches, Anfang Dezember 2016, setzt eine verzweifelte Fluchtbewegung ein. Im Chaos der Eskalation öffnen sich die Checkpoints in den Westen der Stadt. Zehntausende versuchen sich zu retten: trotz der Angst, was mit ihnen geschieht, wenn sie die Seiten wechseln. Der einzige Lichtblick, der sich mit Ende 2016 zeigt, ist, dass abermals die Errichtung von Schutzzonen vor allem im Norden Syriens erwogen wird. Hier sollen intern Vertriebene – auch aus Aleppo – Sicherheit finden. Doch die offene Frage bleibt hier: Wer soll diese Schutzzonen schützen? Die Vereinten Nationen, die es nicht einmal schaffen, die Sicherheit ihrer eigenen Lebensmitteltransporte in die Krisenregion zu gewährleisten? Die Schlacht um Aleppo wird so zu einem Kampf, in dem es um noch viel mehr geht als um Syriens wichtigste Stadt. Es geht auch um die Glaubwürdigkeit der internationalen Gemeinschaft, vor allem ihrer humanitären Organisationen.

[6] Wer ist eigentlich die Opposition?

Schwarze Flaggen, weiße Helme: Zwischen diesen Polen kämpft die Oppositionsbewegung zum Regime Baschar al-Assads auch mit sich selbst. Aus der Ferne betrachtet, gerät sie in ein undurchsichtiges Chaos, das sich mit jedem Jahr verschlimmert. Geld, Waffen und Versprechen aus dem Ausland heizen den Konflikt an. Extremisten gewinnen innerhalb der Rebellen verstärkt an Zulauf, besonders Gruppen aus dem Umfeld der al-Kaida. Dies verdeckt eine zweite Entwicklung: Es wächst eine Struktur von gewählten Stadträten, freiwilligen Rettern der »Weißhelme«, die einmal Pianisten oder Bankbeamte waren, Bloggern, die unter Lebensgefahr Nachrichten außer Landes schmuggeln, oder freiwilligen Ärzteteams. Zwischen Diktatur und Dschihadisten, die mit ihren schwarzen Flaggen versuchen, die eroberten Gebiete abzustecken, drohen diese Zukunftshoffnungen zerrieben zu werden. Nicht nur, aber auch weil die internationale Gemeinschaft viel zu lange keinen Plan hatte, wie ihnen zu helfen ist.

Der Anwalt Abu Jamen nimmt einen dicken Stoß Computerausdrucke aus seiner abgewetzten Aktentasche und knallt ihn auf den schmucklosen Furniertisch. »Codex Arabische Liga« steht auf dem Deckblatt. »Das wäre der Entwurf für eine neue Ordnung Syriens: Menschenrechte, Rechtsstaatlichkeit, transparente Urteile. Alles drinnen. Haben wir erarbeitet.« Seine Geste ist der Epilog zur Antwort auf die Frage, was aus der modernen politischen Opposition geworden sei: »Vergessen habt ihr uns, das ist aus uns geworden«, erwidert er zornig und verweist auf die Akten: »Um solche Visionen, wie sie in dem Papier drinnenstehen, ist es uns gegangen, als wir begonnen haben zu protestieren, dabei unser Leben, unsere Existenz, einfach alles aufs Spiel gesetzt haben. Wie lange habt ihr geglaubt, dass wir warten können, bis sich jemand dazu aufrafft, uns unter die Arme zu greifen, unsere Anstrengungen für ein modernes Syrien, einen Rechtsstaat und Demokratie tatkräftig zu unterstützen? Die radikalen Schiiten helfen Assad, wir haben in den eigenen Reihen die Dschihadisten am Hals. Und ihr lässt uns fallen, weil es heißt, wir sind eh alle Extremisten. Bravo.« Richter Alamin al-Naseh, der ratlos an seinem Schreibtisch sitzt, nickt resignierend. »Dazu kommt unsere sogenannte Exil-Regierung«, ergänzt er: »Die sitzen in Fünf-Sterne-Hotels im Ausland und haben keinen Funken einer Ahnung, was hier in Syrien los ist. Dafür quatschen sie den ganzen Tag.«

Richter al-Naseh hat in diesem Sommer 2013 viel Zeit für Debatten mit Reportern und seinen Juristen-Kollegen. Ein Jahr ist da seit der Eroberung Ost-Aleppos vergangen. Menschenleer ist das unfertige und später vom Krieg havarierte mehrstöckige Betongebäude, wo der sogenannte »Vereinte Juristische Rat« untergebracht ist. Theoretisch sollte diese Institution im Osten Aleppos Streitigkeiten schlichten, übergangsmäßig Stabilität schaffen, gleichzeitig eines der Fundamente einer rechtsstaatlichen Ordnung bilden. In den von Rebellen gehaltenen Gebieten haben sich alle Sicherheitskräfte zurückgezogen, hier gibt es keine staatlichen Strukturen mehr. Doch das neue Gericht kann dieses Vakuum nicht füllen. Im Gegenteil: Wenige Tage vor dem Interview wurden die beiden verhaftet, blieben 24 Stunden im Gefängnis. Der Befehl für die Festnahme des Richters und seiner Mitarbeiter ging von der Hayaa al-Scharia aus, dem »Amt für Islamisches Recht«. Es ein

»Gericht« zu nennen, wäre keine korrekte Übersetzung, käme der Wahrheit aber näher. Der »Vereinte Juristische Rat« unter Richter Alamin al-Naseh steht unter dem Schutz der Liwa al-Tawhid. Es ist die mächtigste jener dreißig Rebellen-Milizen, die Ost-Aleppo im Sommer 2012 eingenommen haben. Sie alle gehörten zur Allianz der Freien Syrischen Armee. Die Eroberung der Stadt gelingt aber – so wie die Verteidigung Aleppos in den folgenden Jahren – nur, weil sich die moderaten FSA-Milizen auf ein Bündnis mit der radikalen Dschabhat al-Nusra einlassen. Und es zeigt sich bereits 2012, dass diese Nusra-Front mehr will als bloß kämpfen: Sie will die politische Zukunft mitgestalten und bremst die moderate politische Führung aus, wo es nur geht. Ein Kleinkrieg innerhalb der Opposition beginnt.

Jenes »Amt für Islamisches Recht«, das die Haft für den Richter und den Anwalt anordnet, fungiert nach der Eroberung des Stadtteils als verlängerter Arm der Nusra-Front. Die Verhaftung der beiden entlarvt die eigentlichen Machtverhältnisse. Man einigte sich, Richter und Anwalt kamen frei, doch Abu Tawfik, Sprecher der Liwa al-Tawhid, gibt zu, dass deren Funktion symbolisch ist: »Die Menschen gehen zum Scharia-Amt, weil dessen Entscheidungen von der derzeit sehr schlagkräftigen Nusra-Front unterstützt werden.« Viel habe das aber nicht zu bedeuten, meint er. Gerüchte, dass bereits eine Moral- und Sittenpolizei der Nusra-Front die Oppositions-Hochburg kontrolliere, tut Tawfik als »Gerüchte« ab: »So oder so. Der Spuk ist bald vorbei, sobald Assad besiegt ist, werden wir die Nusra-Front in den Griff bekommen.«

Da irrt er sich gewaltig. In vielen Punkten. Bei Freitagsdemonstrationen gegen das Regime, ein Ritus, der auch in dem von der Opposition gehaltenen Osten Aleppos beibehalten wird, tauchen ab dem Frühling 2013 tatsächlich uniformierte

Trupps des »Amtes für Islamisches Recht« mit Maschinengewehren auf, die Frauen ohne Kopftuch anherrschen, sich »ordentlich anzuziehen«. Sie dürfen auch im Scharia-Gericht nur vorsprechen, wenn sie den bodenlangen schwarzen Umhang, die Abaya, tragen. »Unsere Urteile orientieren sich am wahren Islam«, betont Abu Heidi, ein junger Mitarbeiter des »Amtes für Islamisches Recht«, dieses De-facto-Gerichts: »Körperstrafen wie Amputationen sind im Krieg ausgesetzt«, versichert er. Stattdessen würde man sich mit milden Sanktionen begnügen: zwischen fünf und vierzig Hiebe mit einem Stahlrohr, je nach Schwere des Delikts, bei Alkoholkonsum, Ehebruch oder Diebstahl. »So viel sollte aber klar sein: Amputationen und Steinigungen sind ausgesetzt. Wir sind ja im Krieg«, fügt er eilig hinzu: Und nach dem Krieg? »Das wird man sehen.«

Einer der ersten, die solche »milden« Strafen aushalten müssen, ist der 30-jährige Lastwagenfahrer Wael Ibrahim im April 2013. »Sie haben eh sehr dünne Rohre genommen. Das war nichts«, sagt er. Unter seinem Decknamen »Abu Mariam« zählt er in Aleppo zu den Galionsfiguren der demokratischen, modernen Fraktion der Revolutionäre. Die Prügelstrafe erhielt Wael Ibrahim, weil er während eines Protestzuges eine der schwarzen Flaggen der Dschihadisten von einer Wand genommen und zerrissen hatte. Seither schlägt er andere Töne an: »Ihr FSA-Kämpfer! Hört auf zu stehlen! Geht an die Front und werft euch in die Schlacht. Für Syrien und nicht für ein neues Auto«, wettert er als Einpeitscher der Sprechchöre bei der Freitagsdemonstration im Zentrum von Aleppos Ostteil: »Wir Syrer müssen uns jetzt auf den eigentlichen Feind konzentrieren«, erläutert er danach seinen Meinungsumschwung: »Es geht darum, das Regime zu stürzen, danach einen Rechtsstaat aufzubauen. Eine zweite Front können wir jetzt nicht brauchen. Doch ich befürchte, dass, wenn Assad einmal Geschichte sein wird, der eigentliche Krieg beginnt: zwischen uns Säkularen und den Dschihadisten.«

Wael Ibrahim hat dies nicht mehr erlebt. Einen Monat nach dem Gespräch verschwand er spurlos. Mitstreiter erfahren später, dass er abermals verhaftet und im August 2013 von radikalen Islamisten hingerichtet wurde. Er sei ein Gotteslästerer gewesen, weil er sich für Demokratie eingesetzt habe, verkündeten sie in einer Nachricht an die Familie. Der Vorfall und seine Vorgeschichte illustrieren geradezu idealtypisch, wie es extremistischen Gruppen in den Monaten nach der Eroberung Aleppos gelingt, rasant an Boden zu gewinnen. Die Entwicklung ist nicht auf diese Stadt beschränkt, das Muster wiederholt sich in vielen von der Opposition gehaltenen Gebieten. Der Prozess wird in der oberflächlichen Wahrnehmung mitunter auf das Urteil verkürzt, die Opposition bestehe nur aus radikalen Islamisten. Die Wahrheit ist deutlich komplizierter.

Das Versagen der Freien Syrischen Armee

Berichte vom Krieg in Syrien lesen sich wie Dostojewski-Romane, abzüglich der literarischen Qualität. Sie triefen von Schilderungen unvorstellbarer Gewalt, eine stattliche Zahl von Akteuren ist am Wort, die leider inmitten der Handlung mehrmals ihre Namen ändern. Irgendwann hören viele auf, solche Geschichten zu lesen beziehungsweise zu verstehen. Auch die Berater von westlichen Staatschefs, die schulterzuckend empfehlen, Überweisungen einzufrieren. Aus dem Bündnis der Freien Syrischen Armee, die in den Anfängen des Aufstandes im Jahr 2011 als bewaffneter Flügel der politischen Opposition auftritt, wird eine chaotische Allianz völlig unterschiedlicher Gruppen. Der Wildwuchs von Zehntausenden Milizen, die ohne Struktur und Kommandokette unkoordiniert kämpfen, wird zum Stolperstein für die moderaten Rebellen: Letztere zu finanzieren stellt, vor allem für die USA und Europa, ein kaum kalkulierbares Risiko dar. Die Freie Syrische Armee wird im Laufe des Konflikts zum Schlagwort, zum Etikett ohne operative Bedeutung.

Immer weniger kann sie sich gegen die wachsende Konkurrenz von islamistischen Gruppen und Bündnissen behaupten. Schuld an dieser Entwicklung ist eine Reihe von Faktoren, unter anderem, dass viele FSA-Milizen die Bevölkerung in den eroberten Gebieten vergrämen. Selbst der Aktivist Wael Ibrahim prangerte kurz vor seinem Tod leidenschaftlich das Versagen der Milizen in seiner Heimatstadt Aleppo an: »Diese FSA-Gruppen benehmen sich wie marodierende Warlords, sie beschlagnahmen Autos, erpressen durch Entführungen Lösegeld, kassieren Bestechungsgeld.« Das sagte er nicht, um den Dschihadisten nach seiner Prügelstrafe nach dem Mund zu reden. Vielmehr wusste der Aktivist sehr genau, dass es am Verhalten der FSA liegen würde, ob eine demokratische Reform Syriens gelingen kann oder nicht.

Und danach sah es überhaupt nicht aus: Ohne Sold und ohne klare Befehlskette, die auch für Disziplin sorgen hätte können, drifteten viele FSA-Milizen in den Sog von Korruption und Ausbeutung der Zivilbevölkerung. Auf beiden Seiten der Front begann eine Schattenwirtschaft zu wuchern, deren Profitmargen in direkter Relation zur Eskalation der Kämpfe stehen. Die Auswirkungen sind fatal, wie Expertinnen des »Internationalen Währungsfonds« in einer 2016 veröffentlichten Analyse feststellen:[85] »Sowohl das Anti-Assad-Lager wie auch das Regime änderten bald nach Ausbruch der Kämpfe ihre Prioritäten. Je mehr die staatlichen Institutionen zerbröselten, desto mehr verlagerte sich die Macht hin zu mafiösen Strukturen, Schmugglerbanden und Gangs, die mit Menschenhandel, Kidnapping und Hehlerei mit geraubten Kunstschätzen hohe Summen erzielen.« Mit dem Krieg lässt sich also ein gutes Geschäft machen. Da viele Menschen im Lauf des Konflikts ihre bürgerliche Existenzgrundlage verlieren, steigen manche in diese Geschäfte ein – binnen kürzester Zeit gibt es Tausende Kämpfer, die nicht mehr von einem Tag auf den anderen in die Normalität zurückkehren können. »Fast drei Millionen verlieren im Laufe des Konflikts ihre Arbeit und ein Fünftel aller Syrer sind in irgendeiner Form von der Kriegswirtschaft abhängig«, so das besorgniserregende Fazit des IWF-Reports.

Der Krieg beginnt sich also selbst zu erhalten, traditionelle Strukturen zerbrechen. Lebensperspektiven versanden in einem Sumpf aus Gewalt und Anarchie. So fragt der 31-jährige Rami Eissa, der als Ingenieur in einem Chemiebetrieb früher gut verdiente, nach einem Interview: »Wie ist das jetzt eigentlich? Ich hatte die Hälfte meiner Eigentumswohnung abbezahlt, als der Krieg begann. Jetzt sind das Wohnhaus und die Bank, die mir den Kredit gegeben hat, zerbombt. An wen würde ich die Raten zahlen, wenn ich wieder Geld verdiene? Oder kriege ich eine Entschädigung?«

Das Leben erodiert, Sicherheit geht verloren, damit rücken Großfamilien und Clans ebenso wie die religiöse oder ethnische Zugehörigkeit als Lebensanker in den Vordergrund. Dies verstärkt die Polarisierung, die Zentrifugalkräfte lassen das Land auseinanderdriften: Nicht nur entlang der Front Regime versus Opposition, auch die jeweiligen Lager sind von Brüchen durchzogen. Die mehrheitlich von Kurden bewohnten Teile Syriens etwa gehen de facto ihren eigenen Weg, bauen eine eigene Verwaltung auf. So schafft der Krieg Fakten,

Brüche und Hürden, die eine Einigung immer weiter erschweren.

Nicht überall im Land wird in einem fort gekämpft, immer wieder werden Stillhalteabkommen zwischen oppositionellen Einheiten und dem, was von der syrischen Armee übrig blieb, geschlossen. Solche Entscheidungen, auch welche bewaffneten Gruppen welche Städte und Regionen besetzen, erobern oder zurückerobern, entscheiden oft die Clan-Chefs. Etwa, als im April 2013 die Nusra-Front mit der 250.000-Einwohnerstadt Raqqah ihre erste Bastion im Alleingang übernimmt. Die Familien in dieser Provinzhauptstadt galten als besonders loyal dem Regime gegenüber. Investitionen in Staudämme und Bewässerung in der Region sicherten die Treue. Als 2013 abermals die Ernten ausfielen, konnten die prall gefüllten Kriegskassen der Extremisten die Clan-Chefs zu einem Schwenk überreden. Ein fataler Fehler, denn aus Raqqah wurde nach dem Bruch innerhalb der Dschihadisten-Gruppen die Hauptstadt des sogenannten »Islamischen Staates«.[86]

Brot und Siege

Hunderte Extremisten-Milizen formieren sich bereits ab 2011, deren Bekenntnis zum Dschihadismus unterschiedlich ausgeprägt ist. Die meisten agieren lokal begrenzt, aber so wie die moderaten Oppositions-Milizen sich dem Bündnis der FSA anschließen, schließen sie sich zu überregionalen Allianzen zusammen, die maßgeblich von der Nusra-Front dominiert werden. Diese Machtposition behauptet die Nusra-Front aufgrund ihrer »Erfolge« im Kampf gegen das Regime. Basis dafür ist, dass sie trotz ihrer Metamorphose in eine Widerstands-Miliz im Kern eine Terror-Gruppe aus dem Netzwerk der al-Kaida bleibt, wie auch Selbstmordattentate Teil der Taktik an der Front sind. Dazu präsentiert sie sich der Bevölkerung als »gottgefällige« Einheit, als Gegenentwurf zu FSA-Warlords, fern von Korruption und Kleinkriminalität, dafür aber zahlungskräftig. In dem vom Krieg verarmten Land mag dies wohl ihr stärkstes Argument sein.

Es sei nicht nur ideologische Nähe, die erkläre, warum Dschihadisten eine so große Anziehungskraft ausüben: Zu diesem Schluss kommt die britische Hilfsorganisation »International Alert« nach Interviews mit über 300 syrischen Jugendlichen.[87] Dabei stellte sich heraus, dass auch die Flucht und die damit einhergehende Entwurzelung eine Rolle spielen, wenn sich Kämpfer den Extremisten anschließen. »Die Einbindung in eine neue Gruppe gibt ihnen das Gefühl, dazuzugehören, zusätzlich legitimieren Glaube und Religion den Kampf«, heißt es im Fazit des Berichts. Ebenso entscheidend sei der finanzielle Anreiz, weil diese Gruppen bis zu 400 Dollar im Monat an Sold bezahlen können, sowie das Gefühl, erst mit solchen Gruppen Erfolg zu haben. »Natürlich hat auch Geld eine Rolle gespielt«, räumt etwa der 28-jährige Lehrer Hassan al-Hak ein, der kurz vor seinem ersten Training als Al-Nusra-Kämpfer steht: »Aber wichtiger ist: Wir habe eine Vision. Wir wollen die vom Propheten vorgegebene Ordnung umsetzen. Deshalb sind wir vorbildlich. Wie ein Werbeträger.« Al-Hak hat es eilig an diesem Freitag, zu seiner ersten Unterrichtseinheit als Gotteskrieger zu kommen, den Autoschlüssel hält er bereits in der Hand. Auf den Moment habe er Monate gewartet. »Die nehmen nicht alle. Drei Empfehlungsschreiben waren nötig, darunter auch von einem Scheich, der meine Festigkeit im Glauben überprüft hat. Die Einheiten sind in Zellen aufgebaut. Da müssen wir einander vertrauen können. Wir kennen nur unseren direkten Kommandanten, sonst niemanden.« Abgesehen davon interessiere ihn nur zweierlei:»Ob ich Munition in meinem Gewehr habe und ein stolzer Soldat werde, keiner der armseligen FSA-Rabauken, die unsere Bevölkerung ausrauben.«

Ihre wichtigsten Erfolge feiern die Dschihadisten jedoch lange nicht nur an der Front, sondern im Alltagsleben in den eroberten Gebieten. Mahmud Anas etwa teilt im Auftrag der Nusra-Front im Sommer 2013 Brot aus. 248 Familien versorgt der Automechaniker: zwölf Fladen, abgepackt in dünnes Plastik – die Tagesration für einen Haushalt wiegt ein knappes Kilo. Solche Lieferungen werden von Knotenpunkten wie diesem für Zehntausende durch die Nusra-Front organisiert und bezahlt.»Unsere Bewegung sichert alle Getreidespeicher im Norden Syriens sowie die Importe aus der Türkei. Sie sorgt dafür, dass Brot gebacken und in Ausgabestellen wie meiner hier verteilt wird«, sagt Anas:»Das ist aber längst nicht alles. Wir koordinieren die Grundversorgung der Region von den Zuckerfabriken bis zu den Ölquellen.«

Dem kann die chronisch unterfinanzierte säkulare Opposition wenig entgegenhalten:»Wie sollen wir als Richter etwas durchsetzen, wenn die Miliz, die uns unterstützt, nicht einmal kontrollieren kann, wer hier das Brot bäckt«, kommentiert dies der fast arbeitslose Richter Alamin al-Naseh. Und auch er rechnet vor: Die Stadtverwaltung, die Oppositionelle gebildet haben, bräuchte dringend Geld, 750.000 Euro wären auf der Stelle nötig, um wenigstens notdürftig die Infrastruktur am Laufen zu halten. Nur, wer soll das bezahlen? Wie die zentrale Funktion eines Staates, das Monopol der legitimen Gewaltausübung, ist hier alles dem freien Spiel der Kräfte überlassen: von der Müllabfuhr, der Sozialarbeit bis zur Überbrückungshilfe für die Ärmsten. Und es sind die wohlhabenden Dschihadisten, die es sich leisten können, Vater Staat zu spielen.

Diese Szenen aus dem Osten Aleppos im Jahr eins nach der Eroberung verdeutlichen, wie sich die Machtbalance innerhalb der Opposition verändert hat. Die erstarkende Macht der Nusra-Front führt nach drei Jahren Konflikt zum politischen Super-GAU. Nachdem sie mit der al-Kaida-Schwesterngruppe »Islamischer Staat im Irak« fusioniert, gelingt es ihr, weite Teile Syriens zu kontrollieren. Als sich die Gruppen voneinander trennen, kann die Terrormiliz »Islamischer Staat« auf dem Fundament der al-Nusra aufbauen. Dies war vor allem möglich, weil extremistisch-islamistisch orientierte Brigaden ab Beginn des Krieges üppig Waffen, Unterstützung und Material erhalten. Etwa von der Türkei, die Gruppen aus dem Milieu der Muslimbruderschaft, die als FSA-Milizen kämpfen, ebenso unterstützt wie Dschihadisten, die Nusra-Front und lange auch – wenigstens indirekt – den »Islamischen Staat«. So gelangten Zehntausende ausländische Kämpfer über die Türkei zu der Gruppe.[88] Dazu fördern die Golf-Monarchien Katar, Saudi-Arabien und Kuwait extremistische Milizen mit Hunderten Millionen Euro. Dabei handelt es sich oft nicht um direkte Zahlungen der jeweiligen Staaten, sondern um Gelder privater Gruppen, die natürlich mit dem Sanctus der Machthaber fließen. Gut dokumentiert ist der Geldstrom aus Kuwait, das als Knotenpunkt der Transaktionen fungiert haben dürfte und bis zu tausend verschiedene Rebellengruppen finanzierte.[89]

Dabei ging es um mehr als militärische Schützenhilfe. Die Sponsoren am Golf ahnen, dass sich mit viel Geld das Chaos nicht nur ordnen, sondern auch in den Grundstock einer genehmen Ordnung verwandeln lässt. Sie haben ein klares Kalkül für das Post-Assad-Syrien im Visier. Jene, die ideologisch auf der gleichen Wellenlänge sind, werden gefördert. Die saudische Staatsreligion des Wahhabismus unterscheidet sich ja nur geringfügig von der ideologischen Basis des Salafismus der Dschihadisten. Angesichts des Machtkampfs zwischen Saudi-Arabien und dem mit dem Assad-Regime verbündeten Iran wird hier auch ein Stellvertreterkrieg ausgefochten. Genau betrachtet sogar mehrere davon: Auch die Rivalität zwischen Katar und Saudi-Arabien spiegelt sich in einem förmlichen Wettlauf der Aufrüstung wider.[90]

Ab 2014 ufert das Chaos allerdings aus. Selbst Experten drohen jetzt den Überblick über die vielen islamistischen Gruppen zu verlieren. Nachdem sich die Terrormiliz des IS und ihre »Schwesternmiliz«, die Nusra-Front, voneinander lossagen, herrscht auch unter den Extremisten Krieg. Neue Allianzen entstehen. Moderate FSA-Rebellen kämpfen zum Teil wieder Seite an Seite mit den Extremisten der Nusra-Front: gegen den IS und das Assad-Regime. Dazu kommen zahlreiche Milizen, die sich zu mehr oder weniger radikalem islamistischem Gedankengut bekennen.

Dass sich die Nusra-Front und andere Islamisten so rasch vom Bruch mit dem IS erholen, liegt daran, dass die ausländischen Sponsoren umdenken. Nachdem die Terrormiliz IS im gesamten Nahen Osten Terroranschläge verübt und die Türkei massiv ins Visier nimmt, fließt deren Unterstützung hin zur Nusra-Front und ihren Verbündeten. Deshalb entsteht im Schatten des »Islamischen Staates« ein paralleles Netzwerk an Extremistengruppen, von denen die Nusra-Front die bekannteste, aber nicht die einzige ist.[91]

Als der Westen zu spät kam

Laut Analysen von zahlreichen Experten steht auch die größte Islamisten-Gruppe im syrischen Widerstand, die Ahrar al-Scham, nicht bloß der Nusra-Front nahe, sondern agiert auch als Bindeglied zwischen der al-Kaida und anderen Rebellen. Zugegeben wird dies freilich nicht: »Wir kooperieren bei Offensiven sehr gerne mit der Nusra-Front. Aber mehr ist das nicht«, betont Ibrahim Husseini, ein Kommandant der Ahrar al-Scham: »Ihre Leute kämpfen mit einer beispiellosen Entschlossenheit, rauchen nicht, lungern nicht herum. Sie machen nur Pausen, um zu beten.« Husseini war früher Meteorologe bei der syrischen Luftwaffe, desertierte, schloss sich dieser Gruppe an, fand zum Glauben. »Ich kämpfe heute vor allem für Gott«, sagt er: »Aber auch für Syrien. Und nicht für einen nebulosen Gottesstaat. Wir haben keine suspekten Ausländer im Sold oder die al-Kaida im Schlepptau.«

Auch diese Gruppe wird massiv von Katar unterstützt. Doch man will mehr. Als der Westen im Krieg gegen den IS in Syrien nach 2014 aktiv wird, startet ab 2015 ein regelrechter Wettlauf um den Rang der »guten« Rebellen. Und hier will Ahrar al-Scham mitmischen. Durch PR-Initiativen, etwa mit einem Offenen Brief in der US-amerikanischen Zeitung »Washington Post«, soll das Image eines soliden Kandidaten für Militärhilfe und politische Unterstützung aus dem Westen blankpoliert werden.[92] Labib al Nahhas, zuständig für Außenbeziehungen, schreibt darin im Herbst 2015: »Übersetzt heißt unser Name ›Die freien Männer von Syrien‹. Das unterstreicht unsere Rolle als eine sunnitische islamische Gruppe des Mainstreams. Wir sind Syrer, die für Syrien kämpfen. Und nur solche Gruppen sind die eigentliche Alternative zum Regime. Nicht die CIA, sondern die Syrer selbst sollten entscheiden, wer moderat ist und Unterstützung verdient.« Der Kommentar sorgte für Aufsehen: Monate vor dieser Veröffentlichung war bei einem Bombenangriff die gesamte Führungsmannschaft getötet worden. Es kursierte die Annahme, dass sich die neuen Kader der Ahrar al-Scham veränderten: Es dauerte aber nur wenige Tage und sie lieferten selbst die Antwort: »Ein grandioser Führer, der einer gesegneten Bewegung vorstand.« Mit diesen Worten kondolierte man den afghanischen Taliban zum Tod ihres Führers Mullah Omar. Bereits mehrmals waren ähnliche Huldigungen der Taliban durch die Ahrar-al-Scham-Elite aufgefallen, als Modell, dem es wert wäre, in Syrien zu folgen.

Anders als die Nusra-Front wurde diese Gruppe trotzdem in die Friedensgespräche in Genf 2016 involviert. Doch es folgt eine Enttäuschung. Anfang Mai beteiligt sich Ahrar al-Scham an einem Angriff der Nusra-Front gegen das Alawiten-Dorf Zara: 19 Zivilisten werden massakriert. Zu verständlich ist angesichts solcher Fälle die Panik der Minderheit der Alawiten, aber auch der Christen, dass solche Gruppen in einem Syrien nach Assad die Macht übernehmen könnten. Die Bildung einer Übergangsregierung unter Einbindung aller Kriegsparteien rückt so in unendliche Ferne. Denn ähnliche Bedenken kursieren um eine weitere große Gruppe, die Dschaisch al-Islam (»Armee des Islam«). Es ist eine Allianz von über fünfzig Rebellen-Milizen aus dem Umkreis von Damaskus, ihr Führer Mohammed Allusch wurde auf Druck Saudi-Arabiens im Dezember 2015 sogar Chefverhandler für die Opposition bei den Friedensgesprächen in Genf. Allusch hat in Saudi-Arabien Rechtswissenschaften studiert und gilt samt seiner Gruppe als Verfechter eines erzkonservativen politischen Islam. Und seine Gruppe hat das Bombenattentat auf den engsten Kreis um Präsident Assad im Sommer 2012 verübt.

All dies illustriert die vielen Knackpunkte bei der Lösung des Konflikts. Hier die »richtigen« Gruppen zu identifizieren, auf die sich auch nur im Ansatz Stabilität in einem Syrien nach Assad – oder auch mit Assad – aufbauen ließe, heißt, ein politisches Minenfeld zu betreten. In erster Linie scheitern hier die USA, mehrfach und bisweilen abenteuerlich. Gemeinsam mit Saudi-Arabien, Katar, Jordanien und der Türkei wird die militärische Unterstützung für die Opposition, erst geheim und quasi als Trittbrettfahrer, dann offen durch sogenannte »Operationsräume« organisiert. Das führt zu mehreren Problemen: Dieselben Staaten, die radikale Milizen finanzieren, mischen auch beim Aufbau der moderaten FSA mit, stärken auch innerhalb des Bündnisses Gruppen mit eindeutig islamistischer Ausrichtung. Denn das Budget dafür stammt lange in erster Linie aus dem Golf und es wird klar, dass die Geldflüsse in ideologische Prioritäten übersetzt werden.[93]

Als ab 2014 das US-Außenministerium die CIA damit beauftragt, eigenständig gemäßigte Rebellengruppen zu trainieren, endet dies anfangs in einem Fiasko. Der sogenannte »Vetting«-Prozess von FSA-Milizen startet. Damit wird der Versuch bezeichnet, moderate Rebellengruppen von radikal-islamistischen zu unterscheiden, also syrische Rebellen zu identifizieren, die man bedenkenlos trainieren und bewaffnen könnte. Das erweist sich als äußerst mühsames Unterfangen. Ein Wunder ist das nicht. Jahrelang erhielten vor allem Islamisten Unterstützung. Wer Sold und Waffen bekommen wollte, schloss sich früher oder später den wohlhabenden Dschihadisten an. Wenn auch nur halbherzig oder auf Zeit.

500 Millionen Dollar werden in den Aufbau solcher Milizen von den USA investiert. Es gelingt erst nur unter Mühen, Kämpfer zu finden, bei denen man sich sicher ist, dass sie keinen extremistischen Hintergrund haben. Als ein Jahr später die ersten von den USA trainierten Kämpfer der Brigade Harakat Hazzm in der Provinz Aleppo zu kämpfen beginnen, endet ihre Mission nach wenigen Tagen. Sie werden von der Nusra-Front angegriffen, ihre nagelneuen Fahrzeuge und

Waffen geraubt.[94] Nur langfristig kommt dieses Programm in Schwung, stößt immer wieder auf Hürden. So stellt sich heraus, dass Hakim Anza, ein Nusra-Kämpfer, der im Mai 2014 bei einem Entführungsversuch auf den britischen Journalisten Anthony Loyd schoss, zwei Jahre später als vertrauenswürdiger Kämpfer mit CIA-Geldern unterstützt wird. Spannungen innerhalb der US-Regierung, wie denn nun Syrien anzugehen sei, entpuppen sich als nächster Bremsklotz. Im Gegensatz zum Außenministerium setzt das US-Verteidigungsministerium ab 2015 auf die Unterstützung anderer Gruppen, und zwar auf kurdische Milizen im Kampf gegen die Terrormiliz des »Islamischen Staates«. Der eigentliche Syrien-Konflikt gerät in Vergessenheit. Ein schwerer, weiterer Fehler wird da begangen, wie sich bald herausstellen wird. Erst Ende 2016, nach sechs Jahren Krieg, wird von den USA und schlussendlich auch von der Türkei massiv in jene Gruppe investiert, die eigentlich am Anfang des Aufstandes stand: in die FSA. Doch dafür war es – fast – schon zu spät.

Der »Islamische Staat«, Version zwei

Als es der extremistischen Nusra-Front gelingt, im Frühling 2015 die Stadt Idlib nach einer Offensive gegen die Assad-Truppen einzunehmen, festigt sich ein beunruhigendes Bild. Nach dem »Islamischen Staat« erobert nun eine weitere dschihadistische Gruppe eigenes Territorium. Neben Idlib im Nordwesten dehnt sich in weiterer Folge auch im Süden um die Stadt Dara'a, um Homs und Hama bis hin zu Aleppo die Einflusssphäre der al-Kaida-Gruppen aus. Als es dann im Sommer 2016 gelingt, kurzzeitig die Belagerung der Stadt Aleppo durch syrische Regierungstruppen zu brechen, zeigt sich, wie zentral die Machtposition der Gruppe ist. Flankiert von ihrem Islamisten-Bündnis Dschaisch al-Fatah gelingt ihr hier ein Meisterstück, militärisch, vor allem aber in Sachen PR. Es ist offensichtlich: Ohne diese Unterstützung wären die FSA-Rebellen chancenlos gewesen. Die Strategie war ausgefeilt. Sowohl die Orchestrierung des Angriffs als auch die politische Vorarbeit. Nur zwei Wochen zuvor änderte die Gruppe ihren Namen, hieß ab dann Dschabhat Fatah al-Scham und sagte sich von der al-Kaida los. Damit hatte nicht einmal die Führung der Terror-Organisation ein Problem, hieß es doch, dass diese Image-Korrektur die Unterstützung für die Gruppe aus dem Ausland ankurble, es erleichtere, andere Milizen unter Kontrolle zu bekommen und die Bevölkerung davon zu überzeugen, dass es sich »um eine echte syrische Gruppe handelt«. Zur Untermalung des Anspruches wurden sofort nach dem Durchbruch der Belagerung Nahrungsmittel auf Kosten der Ex-Nusra-Front in die Stadt gebracht. So wie nach der Eroberung Ost-Aleppos 2012 wurde hier auf Brot und Siege gesetzt. »Nach fünf Jahren Beratungen und Konsultationen des UN-Sicherheitsrates waren es wir, die es schafften, der Zivilbevölkerung zu helfen«, jubelte Mostafa Mahamed, der Sprecher Gruppe, via Twitter: »Es ist arrogant, davon auszugehen, dass für alle Nationen gleichermaßen gelten soll, dass nur eine liberale Demokratie nach westlichem Muster es schafft, einen Tyrannen zu besiegen und für Gerechtigkeit zu sorgen.« Da gebe es auch andere Wege.

Die Ausdehnung des Einflusses der Dschihadisten schien am Zenit. »Die al-Kaida-Gruppe verdankt ihr Überleben in erster Linie der Tatsache, dass sich Assad so lange gehalten hat und gleichzeitig, dass es vor allem den USA nicht gelungen ist, die moderateren Kräfte zu stärken«, fasst Charles Lister, Autor eines der umfassendsten Werke zum Dschihadismus in

Syrien, das Drama zusammen.[95] Laut seinen Forschungen hätten sich mindestens 3000 Kämpfer anderer Milizen im ersten Halbjahr 2016 der Gruppe angeschlossen:»Washington ist in eine Doppelmühle geraten. Koordiniert man sich mit Russland und nimmt man gemeinsam die al-Kaida-Gruppe ins Visier, stärkt man Assad noch mehr und gießt Öl ins Feuer ihrer Propaganda.« Tue man es nicht, würde dies die al-Kaida-Truppe umso mehr stärken.

Aufgrund ähnlicher Überlegungen dürften dann auch 51 amerikanische Spitzendiplomaten ein erbostes Memo an ihren Staatschef verfasst haben. So komme man nicht weiter, heißt es darin zusammengefasst, und ein militärisches Vorgehen gegen das Assad-Regime wird gefordert. Auch wenn man die Bedenken der Regierung teile, würde es die Extremisten stärken, wenn er mit seinem brutalen Vorgehen weiter ungestraft durchkomme.[96] Sie sind nicht die einzigen, die es mit der Angst zu tun bekommen.»Der ›Islamische Staat‹ verliert im Osten an Territorium, aber ihre Rivalen, die Terroristen der Nusra-Front, gewinnen rasant an Boden im Westen Syriens«, warnte Brett McGurk, Sondergesandter des US-Präsidenten Obama für die Anti-IS-Koalition, Ende Juni 2016 in einem schriftlichen Statement an den Senat.»Sie beginnen in der Provinz Idlib Wurzeln zu schlagen, errichten dort Schulen, wo sie nach ihren Lehrplänen unterrichten, unterhalten Trainingscamps, von wo aus sie weltweit Anschläge planen, und arbeiten an einer ausgefeilten Präsenz in sozialen Medien.« Ein Déjà-Vu.

Die nächste Revolution

Die Angst vor der neuen al-Kaida-Machtbasis kursiert auch unter Aktivisten: »Der sogenannte ›Islamische Staat‹ war nie unsere größte Bedrohung. Die meisten Syrer lehnen diese fürchterlich brutale Gruppe entschieden ab, nehmen sie eher als Besatzungsmacht wahr. Ihre Macht steht und fällt mit dem Regime Assad. Die greifen sich gegenseitig ja so gut wie nie an«, sagt Leila Shami, Exil-Syrerin und Menschenrechtsaktivistin. Ein echtes Risiko für die Zukunft, betont sie im Sommer 2016, gehe aber jetzt von der Nusra-Front aus, egal, wie sie sich nennen würde: »Denen ist es gelungen, sich im Alltag der Menschen zu verankern. Es ist ein großer Fehler, den viele begehen, Aktivisten genauso wie moderate Rebellen, wenn sie meinen, sie könnten kurzfristige Allianzen mit ihnen eingehen«, so Shami. Gleichzeitig betont sie, dass es längst nicht zu spät sei, die moderate Opposition zu unterstützen. Sie habe überlebt: »Nur nimmt man sie im Westen nicht wahr. Es gibt nach – oder vielmehr trotz – fünf Jahren Krieg bis zu 400 zum Großteil demokratisch gewählte Stadträte. Ihre Kür basiert auf den ersten freien Wahlen in Syrien seit mehr als einem halben Jahrhundert, wenn auch nur auf lokaler Ebene.« Selbst im Osten Aleppos sei es schlussendlich gelungen, eine frei gewählte, demokratische Lokalverwaltung aufzubauen.

Diese Gruppen sind bei Weitem nicht überall vom reaktionären Codex der Islamisten unterjocht. Manche Städte werden auch über Wochen, manchmal Monate, nicht angegriffen oder von bewaffneten Gruppen kontrolliert, sondern mäandern in einem ordnungslosen Zustand zwischen Frontlinien und Machtblöcken in Richtung einer sehr ungewissen Zukunft. Es sind Orte wie Korin, ein Dorf in der Provinz Idlib mit 11.000 Einwohnern, auf die in der Hektik des

Kriegs alle Kampfhähne vergessen haben dürften.[97] Die Leute hier behaupten, sie seien so etwas wie ein eigener Zwergenstaat geworden. Alles ist selbst organisiert: vom Gericht, wo man sich um Kriminelle in den eigenen Reihen kümmert und sie mangels Gefängnis als Höchststrafe bei Mord aus dem Dorf verbannt, bis hin zu Internet-Hotspots, wo man sich am Marktplatz einloggen kann. Bezahlt wird per Coupons. Die Absurdität solcher Oasen in der Anarchie der Oppositionsgebiete wird besonders augenscheinlich an der Tankstelle. Hier lassen sich zwei Sorten Diesel erstehen: die Marke »Islamischer Staat« und die Marke »Regime«. Einmal mehr beweist dies, dass die Netzwerke der Schmuggler selbst dorthin reichen, wo sonst niemand herrscht. Der Nachrichtenwert solcher Stillleben inmitten des Krieges ist gering, deshalb sind sie aus den Medienberichten meist ausgeblendet. Doch sie sind genauso Teil der Realität Syriens wie die im Scheinwerferlicht stehenden Extremisten.

In den Vordergrund rücken diese leise Kämpfer um Normalität, als Ende Februar 2016 zum ersten Mal seit 2012 für einige Wochen eine Kampfpause erreicht wird. Es ist ein kleines Wunder, dass die Vereinbarung gelingt und hält. Ein noch größeres Wunder ist aber: Kaum enden die Luftschläge, kehren friedliche Demonstranten, organisiert von den »Lokalen Koordinationskomitees«, in die von der Opposition gehaltenen Städte und Regionen zurück und nehmen mit Transparenten ihren »Kampf« wieder auf. »Wir haben nicht aufgegeben. Wir sind immer noch da.« Oder: »Die Revolution geht weiter.« Hunderttausende politische Aktivisten wurden verhaftet.[98] Tausende sind geflohen. Doch viel mehr Menschen als erwartet haben in Syrien überlebt: physisch, aber auch politisch. Über soziale Medien wird eine Vielzahl solcher Proteste zum fünften Jahrestag des Aufstandes verbreitet: aus

Aleppo, Homs, Dara'a, Orte, die zu Meilensteinen der Revolution geworden sind, aber außergewöhnlich viele aus der Provinz Idlib.

Der 4. März 2016 ist der erste Freitag seit Jahren, an dem wieder Demonstrationen gegen das Regime abgehalten werden. Über hundert Städte schließen sich an und ziehen mit der Trikolore, der Fahne der Freien Syrischen Armee, durch die Straßen. In der Kleinstadt Maarat al-Numan jedoch wird aus der reanimierten Revolutions-Folklore Ernst. Es sei verboten, in der Provinz andere Flaggen als die schwarze Flagge der Nusra-Front zu tragen, verfügte das dortige »Amt für Islamische Angelegenheiten und Administration«. Einheiten der Nusra-Front greifen die »Brigade 13«, ein Relikt der Freien Syrischen Armee, an, die zu diesem Zeitpunkt zu jenen Gruppen zählt, die Unterstützung der USA erhalten. Zwölf Kämpfer werden getötet, Dutzende festgehalten. Die friedliche Kriegs-Koexistenz der Rebellen-Gruppen war mit einem Schlag passé. Doch statt den Extremisten klein beizugeben, dem Mantra des »gemeinsamen Feindes« Assad folgend, begehren die Menschen von Maarat al-Numan auf.

Bereits im Revolutionsjahr 2011 galten die Bewohner der Stadt südlich der Provinzmetropole Idlib, an der Verkehrshauptverbindung Richtung Homs gelegen, als Avantgarde des Aufstandes: Nun starten sie die nächste Revolution, die ab März 2016 über Monate anhält und zum längsten Aufstand im Aufstand wird. Es geht um zivilen Widerstand gegen die al-Kaida-Gruppe und ihre Versuche, einen zweiten »Islamischen Staat« zu errichten: Mit Sitzstreiks vor den Scharia-Behörden und täglichen Protestmärschen stemmen sich die 80.000 Menschen in dem Ort gegen die Extremisten, so wie sie es 2011 gegen das Regime Assad getan hatten. »Solche friedlichen Proteste gehören zu den Phänomenen in Syrien, über die am wenigsten berichtet wird. Deshalb scheint es so, als würde es sie nicht geben«, sagt Mulham Sameer, der in Maarat al-Numan die Kampagne organisiert:»Es gibt nicht nur die bewaffneten Gruppen, die einander bekriegen. Die Wahrheit ist: Es gibt Tausende Menschen in Syrien, die für friedlichen Widerstand eintreten.«[99] Dass sie erst zu bemerken waren, als die Waffenruhe begann, illustriert den Teufelskreis, in dem sie gefangen sind: Je mehr gekämpft wird, desto mehr Gewicht haben die – zum Teil – radikalen Milizen innerhalb der Aufständischen. Und umso mehr verstärkt sich das Bild, dass der syrische Widerstand eine Ansammlung von Extremisten ist, die man eher nicht unterstützen sollte.

Die Hoffnungsträger eines neuen Syrien

»Könnt ihr das hören?«, Abdul Rahman stellt sein Mobiltelefon auf Lautsprecher.»Hört, könnt ihr das hören?«, ruft er Richtung Mikrofon:»Das sind Vögel, die singen.« Der Einsatzleiter der »Weißhelme« in Aleppo telefoniert gerade mit seinen Kollegen im Süden des Landes, in Dara'a. Die ersten Tage Waffenruhe in Aleppo feiert er mit dieser Übertragung des Vogelgezwitschers. Ein Geräusch, das vier Jahre lang verstummt war. Für ein paar Wochen können die Mitarbeiter der »Weißhelme« durchatmen. Und in diesem Moment der Waffenruhe wird nicht nur deutlich, dass die politische Opposition, die für friedlichen Widerstand steht, noch existiert, sondern dass sich neue Hoffnungsträger herauskristallisieren: etwa diese »Weißhelme«. Ihre Bedeutung in Syriens Bürgerkrieg wächst ebenso rasant wie die der schwarz beflaggten Extremisten. Unterstrichen wird ihre Rolle dadurch, dass sie 2016 sogar für den Friedensnobelpreis nominiert werden.

Die »Civil Defense Forces«, wie sie sich meist auf Englisch nennen (»Syrischer Zivilschutz«), sind Bäcker, Bankangestellte und Pianisten. Sie bilden die größte Aktivisten-Gruppe Syriens, finanziert von der »Internationalen Syrien-Unterstützungsgruppe«. Fast 3 000 Freiwillige sind in 114 Einsatzstellen aktiv: Männer und Frauen unter dem Gebot, strikt überparteilich zu helfen. Gestartet hat die Initiative eine Gruppe engagierter Bürger im Osten Aleppos im Jahr 2014, als immer mehr Fassbomben auf die schutzlose Bevölkerung fielen. Es war niemand da, der die Überlebenden aus den Trümmern hätte befreien und sie in die wenigen Krankenhäuser hätte fahren können. Also organisierte man sich in den verwaisten Fuhrwerkparks der ehemaligen Stadtverwaltung Bagger, schweres Bergegerät und Rettungswagen und schritt zur Tat. Mit Stand 2016 hat die Gruppe mehr als 60.000 Menschen das Leben gerettet, 136 Männer starben bei den Einsätzen. Meist wurden sie Opfer der Taktik von Mehrfachschlägen: Nach einem Luftangriff folgt eine zweite Attacke, gerichtet auf die Helfer.

»Für mich ist das der echte Dschihad«, beschrieb eines ihrer berühmtesten Mitglieder, Khaled Omar Harrah, seine Arbeit als »Weißer Helm«: »Wenn ich beim Lebenretten sterben sollte, wird Gott mich als Märtyrer sehen.« Der gelernte Maler und Anstreicher sorgte im Gründungsjahr dafür, dass seine Gruppe weltweit bekannt wurde. Nach stundenlangem Kampf gelang es ihm, ein zehn Wochen altes Baby zu retten, das nach einem Bombentreffer in einem Haus verschüttet war. Das Kind lebte, per Video wurde die Rettungsaktion aufgezeichnet und via Internet verbreitet. Die Legende der Hoffnungsträger war geboren. Die einzige Flugreise seines Lebens unternahm Khaled Omar Harrah ein Jahr später. Er war einer jener Mitarbeiter der Gruppe, die vor dem UN-Sicherheitsrat über die Gräuel in ihrer Heimat berichtete. Im August 2016 starb er bei einem Bombenanschlag, 31 Jahre alt. Er hinterlässt, ob Märtyrer oder nicht, ein wichtiges Erbe. »Derzeit retten wir Menschen aus den Trümmern. Aber das ist nur eine Übergangsphase. Wir hoffen, dass die Zivilschützer irgendwann einmal auch diese Gesellschaft wieder aus den Trümmern aufbauen. Wir kümmern uns um die Anliegen der ganz normalen Menschen, nicht um unsere Eigeninteressen«, so eine Mitarbeiterin der »Weißhelme«. Wie viele Aktivisten dieser Gruppe will sie anonym bleiben. Auch der Direktor der Gruppe, Raed al Saleh, betonte bei einem Auftritt in London im März 2013, dass die Zivilschützer zu einem zentralen Anker im Bürgerkriegsland geworden sind: »Wir bekommen mehr Mitgliedsanträge von Menschen, die noch in Syrien leben, als wir aufnehmen können, denn wir sind das freundliche Gesicht Syriens geworden.«

Einen ähnlichen Prozess durchlaufen nach fünf Jahren Krieg auch die Aktivisten, die dem sogenannten »Islamischen Staat« den Medien-Krieg erklärten. Die Blogger-Initiative »Raqqah is Being Slaughtered Silently« wurde weltweit bekannt. 17 Syrer schlossen sich, im selben Jahr wie die »Weißhelme«, unter diesem komplizierten Namen, »Raqqah wird stillschweigend geschlachtet«, zusammen. Ihr Ziel war und ist es, Augenzeugenberichte, Videos und Fotos aus ihrer Heimatstadt Raqqah zu schmuggeln, der Hauptstadt des sogenannten »Islamischen Staates«. Mehrere der Aktivisten wurden bereits vom IS ermordet, doch ihre Initiative gewinnt in jeder Hinsicht an Boden. »Ich spreche heute im Namen von Millionen von Syrern, die sich ein freies, demokratisches und vereintes Heimatland wünschen«, so ein Mitglied der Gruppe, der zwar erkennbar, aber zum Schutz der Familie anonym im November 2015 in New York auftrat. Er nahm den »International Press Freedom Award« entgegen, der vom »Committee to Protect

Journalists« vergeben wird und als einer der renommiertesten Publizistik-Preise der Welt gilt.

Yusuf Eissa, ein 25-jähriger Journalist aus Aleppo, interpretiert solche Auftritte als Indiz dafür, dass so eine neue, moderne politische Elite entsteht:»Das ist enorm wichtig. Denn zu den größten Hürden zählt nicht bloß, dass sich Syriens Konfliktparteien irgendwann auf Wahlen und ein neues politisches System einigen werden müssen. Viel schwieriger wird es sein, Persönlichkeiten zu finden, die als Integrationsfiguren akzeptiert werden.« Und dafür hätten diese Aktivisten das Potenzial.

»Die Kluft zwischen der Exil-Opposition und den Leuten, die im Kriegsgebiet leben, wird immer größer«, hat auch Maya Hautefeuille, Sprecherin der Gruppe »Independent Doctors Association«, beobachtet. Diese medizinische Hilfsorganisation der »Unabhängigen Ärzte« startete wie die anderen Gruppen als Basis-Bewegung von Syrern und gewann rasant an Bedeutung, weit über die Krankenzimmer hinaus. Mahmoud Mustafa, ein Augenarzt, war ein Gründungsmitglied und wechselte von West-Aleppo in den Osten, quasi als medizinischer Dissident: »Zwei Drittel des medizinischen Personals waren geflohen, wir brauchten dringend eine Notversorgung«, so seine Motivation. Fast 400 Personen arbeiten heute für die Gruppe, die zu 90 Prozent aus Hilfsgeldern der deutschen Regierung finanziert wird, sich auch um die Versorgung chronisch unterernährter Kinder und um intern Vertriebene annimmt. »Immer öfter diskutieren wir aber auch, welche langfristigen Folgen unser Engagement hat«, sagt Maya Hautefeuille, »und auch darüber, ob es solche Gruppen wie wir sind, die den politischen Grundstein für ein neues Syrien legen könnten.«

[7] Ein Krieg gegen die Menschlichkeit

Eine Ärztin behandelt einen verwundeten Kämpfer. Er überlebt. Aber sie auch? Wer den »Falschen« hilft, gilt in den Augen des Regimes als »Terrorist«. Die Kriegsverbrechen in Syrien erreichen ein »industrielles Ausmaß«, wie unabhängige Quellen bestätigen. 17.000 Gefangene werden ab 2011 zu Tode gefoltert. Dazu kommen Hunderte Angriffe auf Krankenhäuser, gegen die Zivilbevölkerung werden Giftgas, Brandbomben und Phosphor eingesetzt und sie ist einem gnadenlosen Dauerbombardement ausgeliefert. Auch Teile der bewaffneten Opposition verüben Kriegsverbrechen. Die Katastrophe in der Katastrophe ist aber, dass das internationale Rechtssystem detaillierte Beweise vorliegen hat, aber nichts tut oder tun kann, um jenen zu helfen, die in die Mühlen des Krieges geraten.

Ein Auto mit einem großen Einschussloch in der Windschutzscheibe parkt am Rande der kilometerlangen, kerzengeraden Zufahrtsstraße nach Zabadani. Am Steuer sitzt eine bleiche Frau Mitte Vierzig, die hektisch telefoniert. »Nennen Sie mich Dr. Mona«, sagt sie, nachdem sie aufgelegt hat. Schweißperlen lassen ihr sorgfältiges Makeup zerlaufen. Das geplante Interview muss die Ärztin verschieben. »Ich habe einen Anruf bekommen. In der Hütte auf dem Feld ist ein neuer Patient. Ich muss meine Ausrüstung holen.« Schwer verletzt sei er, gerade 19, am Bauch, am Rücken. »Wenn ich schnell bin, hat er eine Chance. Es ist riskant. Das Eis ist dünn. Einige Ärzte sind nach solchen Einsätzen verschwunden. Aber was soll ich tun? Nichts? Nicht abheben, wenn die Kommandanten der Rebellen anrufen?«

Zitternd erzählt sie kurz von Morddrohungen, diesem Schuss auf ihr Auto, der »von nirgendwo« kam, von versteckten Kliniken, die in den Kellern abgelegener Häuser oder in Geräteschuppen in den Feldern eingerichtet wurden. Der Krieg hat erst begonnen, die noch diffuse Bedrohung, die sie spürt, ist eine präzise Vorahnung des künftigen Wahnsinns: für sie als Ärztin und als Bürgerin Zabadanis. Vom Ortsrand aus wirkt der 2800 Meter hohe Berg Hermon bei klarer Sicht zum Greifen nah. 30.000 Menschen wohnen in der Stadt, an der Strecke von Damaskus nach Beirut im Libanon. Für Wohlhabende war dies eine der ersten Adressen für ein Feriendomizil. Von Bedeutung ist Zabadani aber nicht nur landschaftlich, nicht nur Touristen frequentierten die Stadt. Harte Beweise fehlten lange, aber es gab hartnäckige Gerüchte, dass nicht die syrische Armee, sondern der Iran den nahe gelegenen Militärstützpunkt betreibt, um Hisbollah-Kämpfer zu trainieren.

Die Vermutung bestätigt sich, als der Krieg ausbricht, die Kämpfer Flagge zeigen und Zabadani blitzschnell hart umkämpft wird. Der Nachschubweg der Hisbollah aus dem Libanon endet hier, die Miliz wird nun dringend gebraucht. Es kommt dem Regime deshalb mehr als ungelegen, dass die Freie Syrische Armee hier hurtig ihre Pflöcke einschlägt. Schnell richten sich erste Drohgebärden des Regimes gegen diese Stadt. Es folgen Bombardements, Belagerung, Waffenstillstände, die gebrochen werden: Der typische Teufelskreislauf des Konflikts kommt hier schneller in Gang als in anderen Bastionen der Opposition. Wer die Stadt hält, gewinnt eine wichtige Schlacht.

Ärzte und Ärztinnen wie »Dr. Mona«, die verletzte Rebellen versorgen, sind ebenso exponiert wie ihre Stadt. Mediziner in

Zabadani zählen zu den ersten Vertretern ihres Berufsstandes, die merken, dass sie in dem Konflikt Zielscheibe sind. Schon früher wurden in Syrien jene kriminalisiert, die »Feinden« des Systems halfen. Im Juli 2012 wird die informelle Praktik in einem neuen Anti-Terror-Gesetz festgeschrieben, das auch Schnellgerichte einsetzt: Wer Angehörige der Opposition verarztet und nicht sofort den Sicherheitskräften meldet, macht sich demnach strafbar, ist selbst »Terrorist«, ihm droht Anklage. Theoretisch.

Einen Richter sehen solche Verdächtige so gut wie nie. Bereits im ersten Bürgerkriegsjahr sind 65 gezielte Morde an medizinischem Personal dokumentiert: Ärzte, die von Scharfschützen in ihren Kliniken, auf dem Weg zur Arbeit, durch die Fenster ihrer Häuser niedergestreckt werden. Oder verhaftet und dann in den Gefängnissen zu Tode gefoltert. Oder an Checkpoints in Krankenwagen erschossen.[100]

Die Dunkelziffer liegt mit Sicherheit deutlich höher. Doch es geht nicht nur um die Anzahl dieser Fälle, sondern um den Tatbestand eines Kriegsverbrechens. Der ist schon erfüllt, wenn in einem Konflikt von einer Seite ein einziger Arzt, ein einziges Krankenhaus gezielt angegriffen wird. Wie bei zig anderen groben Verstößen gegen das Völkerrecht scheint dies Präsidenten Baschar al-Assad wenig zu beeindrucken. Auch nicht den Arzt in ihm. »Syrien ist der weltweit gefährlichste Ort für medizinisches Personal«, lautet der Befund der Weltgesundheitsorganisation WHO nach vier Jahren Krieg: 135 tödliche Anschläge gegen Ärzte und Helfer sowie gezielte Bombardements von Krankenhäusern sind mit Stand 2015 dokumentiert. Nur ein Jahr später, Mitte 2016, korrigiert die Organisation »Physicians for Human Rights«, »Ärzte für Menschenrechte«, die Zahlen massiv nach oben: 738 getötete Ärzte und Krankenpfleger, 265 Krankenhäuser und Ambulanzen –

mutmaßlich gezielt – angegriffen. 90 Prozent der Angriffe gehen auf das Konto der syrischen Luftwaffe oder russischer Kampfjets. Die Skala der Eskalationsstufen ist jedoch nach oben offen. Alle 17 Stunden wird Mitte August 2016 ein Krankenhaus getroffen, die Statistiken verjähren so im Wochentakt.

35 Ärzte harren zu diesem Zeitpunkt noch im erbittert umkämpften Osten Aleppos aus. 300.000 Menschen müssen sie notversorgen, denn es regnet förmlich Bomben, auch auf die Zentrale der Helfer der »Weißhelme«, auf einen Hilfskonvoi und wieder und wieder auf Krankenhäuser, die eingebunkert sind, in Geheimverstecken in Kellern. Um den Schaden zu vergrößern, werden doppelte Angriffe geflogen: Der erste trifft das Ziel, der zweite jene, die helfen wollen. Für einen echten Wiederaufbau Syriens, bei dem es nicht nur darum gehen wird, die Gebäude und Infrastruktur, sondern auch die Gesellschaft wieder aufzubauen, ist es nötig, dass diese Vergehen nicht einfach dem Vergessen überlassen werden. »Diese Taten müssen bestraft werden. Wenn es keine Gerechtigkeit geben wird, dann werden wir niemals den Gedanken an Rache los und steuern sofort in den nächsten Konflikt«, warnt Rami Kalazi, der letzte Neurochirurg, der 2016 noch im Osten Aleppos tätig ist: »Werden die Verantwortlichen nicht zur Rechenschaft gezogen, verlieren die Menschen hier völlig den Glauben an die Werte der internationalen Gemeinschaft. Dann werden sie nur noch den Waffen vertrauen.«

In der Maschinerie des Grauens gefangen

Die Zeit drängt. Beweise, die einem Gerichtsverfahren standhalten können, müssten sichergestellt werden. Und es geschieht mit jedem Tag mehr Unrecht, in vielen Bereichen, so auch in den Gefängnissen des Regimes: »Die syrischen Behörden schaffen absichtlich ein tödliches Klima. Massenweise werden Häftlinge getötet: Dies ist Teil eines systematischen Angriffs gegen die Zivilbevölkerung. Es gibt eine solide Basis an Berichten, die nahelegen, dass es sich dabei um Verbrechen gegen die Menschlichkeit handelt: Vergewaltigung, Folter und Mord«, heißt es in einem Bericht, den eine Expertenkommission der Vereinten Nationen im Februar 2016 vorlegt.[101] Bereits am 22. März 2011 – lediglich vier Tage nach Ausbruch der Proteste in der Stadt Dara'a – wird diese »Independent International Commission of Inquiry on the Syrian Arab Republic in the Civil War« einberufen. Laufend legt sie Berichte zu groben Menschenrechtsverletzungen vor. 500 Augenzeugen werden befragt. Renommierte Fachleute wie Carla del Ponti, einst Chefanklägerin des Internationalen Strafgerichtshofs in Den Haag, sind an Bord.

Doch das Räderwerk des internationalen Rechts kommt schleppend bis gar nicht in Gang. Als 2014 der UN-Sicherheitsrat den Versuch unternimmt, die Verbrechen und vor allem die Täter vor den Internationalen Strafgerichtshof zu bringen, stoppt ein Veto von Russland und China dieses Vorhaben. Die syrische Regierung hat den Beitritt zu dem Gericht nicht ratifiziert. Der juristische Boden ist dünn, damit es aktiv werden kann, auch wenn das Bild der Verbrechen immer klarer wird.

Laut dem »Syrischen Netzwerk für Menschenrechte« sind 65.000 Aktivisten in den vier Jahren nach 2011 verschwunden. 500.000 Haftbefehle habe das Regime ausgestellt. Konkrete Opferzahlen recherchierte »Amnesty International«: Die Menschenrechtsorganisation dokumentierte den Tod von 17.723 Häftlingen in den Gefängnissen und den Internierungslagern der Geheimdienste von 2011 bis 2015.[102] »Mit sehr hoher Wahrscheinlichkeit ist die Zahl dramatisch höher«, heißt es dem Bericht, der auf Aussagen von 65 Gefangenen, die freikamen, basiert. »Folter wurde in Syriens Haftanstalten seit Jahrzehnten verübt. Doch das Ausmaß und die Brutalität sind ab 2011 massiv gestiegen«, stellt Claudia Scheufler, Syrien-Expertin von »Amnesty International«, bei der Präsentation der Dokumente erschüttert fest.

Solche Berichte zu lesen bedeutet, einen Blick in fürchterliche Abgründe menschlicher Seelen zu tun: Frauen schildern brutale sexuelle Übergriffe, auch vor ihren Müttern. Sadistisch gehen die Folterer vor, achten darauf, dass viele die Misshandlungen anderer mitbekommen, um so noch mehr Terror zu erzeugen. Zu den häufigsten Foltermethoden gehört, die Opfer über Stunden an den Armen aufzuhängen. »Sie zwangen mich auf ein Fass, dann fesselten sie mit einem Seil meine Handgelenke und befestigten es an einem Rohr am Plafond. Dann stießen sie das Fass weg. So hing ich stundenlang in der Luft. Sie brachten drei Holzstöcke, schlugen damit auf den ganzen Körper ein. Nahmen Zigaretten, die sie an mir ausdämpften«, erzählt Ali, der 2014 vom Geheimdienst in Homs verhaftet wird. Der Vorwurf: Er habe Demonstrationen organisiert. Die Strafe ist eine unvorstellbare Tortur, die er überlebt, obwohl »es sich anfühlte, als würden sie mich mit Messern zerschneiden«. Jeder Tag, den er überlebte, sei ein Wunder gewesen. Ein Sieg.

Die Opfer werden verhaftet, weil sie zur falschen Zeit am falschen Ort sind. Fallen an einem Checkpoint auf, durch einen Blick, eine Geste, weil sie in einem Viertel leben, in dem die Opposition aktiv ist, weil eine E-Mail abgefangen wurde. Es sind Aktivisten wie Ali, die Flugblätter verteilen, Studenten, Ärzte.

600.000 Folter-Akten, 50.000 Fotos

Nicht nur in Gefängnissen, auch in Militärkrankenhäusern finden unfassbare Gräuel statt. Stichhaltige Belege dazu gibt es aus den Damaszener Anstalten Mezze und Tishreen. »Das sind keine Krankenhäuser, sondern Schlachthöfe«, sagt ein Arzt, der in einer dieser Kliniken gearbeitet hat und in die Türkei floh.[103] Er will zum Schutz seiner Familie anonym bleiben: »Wir hatten Patienten, die mit gebrochenen Armen und Beinen eingeliefert wurden. Es stellte sich heraus, dass sie zum medizinischen Personal eines Krankenhauses gehörten, das zuvor vom Regime bombardiert worden war. Es hieß, ihre Verwundungen würden beweisen, dass sie gekämpft hätten.« Danach seien Mitarbeiter des Geheimdienstes gekommen. »Sie rissen die Gipsverbände auf, brachen ihnen die Knochen, die wir im OP zusammengeschraubt hatten.« Die Offiziere hätten in die Wunden uriniert, Verbände ins WC getaucht und dann wieder angebracht. »Sie haben gar nicht versucht, die Patienten zum Reden zu bringen. Sie quälten sie einfach nur so.«

Ärzte in diesen Krankenhäusern werden gezwungen, falsche Totenscheine auszustellen. Schussverletzungen sind als Herzinfarkt kaschiert, zu Tode geprügelte Häftlinge hätten »einen plötzlichen Tod« erlitten. Doch die Täuschung erfolgt nur gegenüber den Verwandten. Die Bürokratie des Assad-Regimes führt exakt Buch über ihre Toten: Name, Art der Folter, Dauer der Haft. Dazu werden Fotos der meist verstümmelten Leichen geheftet. Warum das geschieht, weiß niemand. Aber es geschieht: 600.000 solche Akten wurden aus Syrien herausgeschmuggelt. Vier Jahre lang arbeitete die »Commission for International Justice and Accountability«, eine Gruppe von unabhängigen Experten für die Aufklärung von Kriegsverbrechen, an diesem Projekt. Die Dokumente ermöglichen es, die Befehlskette bis zu den Spitzen des Assad-Regimes zu belegen.[104]

Diese Beweise sind mittlerweile in den Händen der Vereinten Nationen, bei internationalen Anwälten und bei der US-Regierung. Dazu gehört auch das Material des Kronzeugen der Kriegsverbrechen in Syriens Gefängnissen: ein Militärfotograf, der unter dem Decknamen »Caesar« bekannt ist. Er floh Ende 2013 aus Damaskus und nahm 50.000 Aufnahmen mit, die er – im Auftrag des Regimes – von Häftlingen gemacht hatte, die zu Tode gefoltert wurden: Er war beauftragt, dies in den Kerkern des Luftwaffengeheimdienstes und des Militärgeheimdienstes zu dokumentieren. Unter den vier Staatssicherheits-Apparaten gelten diese beiden als die brutalsten Teile des Repressionsapparats.

Die Fotos zeigen Leichen, die bis aufs Skelett abgemagert sind, entstellt von grauenhaften Torturen. FBI und CIA prüften die Dokumente auf ihre Echtheit, 2014 wurde der Fotograf zu einer Aussage vor den außenpolitischen Ausschuss des US-Kongresses geladen. Und im Sommer 2016 brachten Demokraten und Republikaner gemeinsam auf Basis seiner Informationen ein Gesetz ein, den »Caesar Act«. Es soll den USA ermöglichen, im Alleingang die Kriegsverbrechen des Assad-Regimes vor Gericht zu bringen.[105]

Dies sei ein erster Schritt, doch insgesamt sei er frustriert und deprimiert, so »Caesar« nach zwei Jahren Exil. »Ich habe mein Leben und das der Menschen, die ich über alles liebe, aufs Spiel gesetzt, um etwas zu bewegen. Damit etwas unternommen wird, um diesen grauenhaften Massenmord in meiner Heimat zu beenden. Doch die wirklichen Reaktionen bleiben aus.«

Zerstörte Krankenhäuser, Bombenwellen gegen die Zivilbevölkerung, auch gegen Dutzende Schulen, der Einsatz von
Hunger als Waffe, die tödliche Folter in den Gefängnissen,
der Einsatz von Napalm, Phosphor und anderen Brandbomben, bis hin zu Giftgas: Die Liste der massiven Verstöße durch
die syrische Führung gegen alles, was in dieser Welt Recht ist,
scheint nicht enden wollend. Von Kriegsverbrechen in »in-
dustriellem Ausmaß« geht man im US-Kongress aus. »Grau-
samkeiten, die unsere schlimmsten Befürchtungen übertref-
fen«, nennt sie der UN-Hochkommissar für Menschenrechte
Zeid Ra'ad Al Hussein. »Caesars« Frust ist mehr als berechtigt.
Trotzdem gelingt es jenen Staaten und internationalen Institutionen, die von sich behaupten, für Rechtsstaatlichkeit auch
auf globaler Ebene zu stehen, viel zu lange nicht, solche Verbrechen wenigstens zu stoppen.

Keine roten Linien

»Caesars« Fotos vermochten dennoch ein bisschen etwas zu
bewegen, weil man sich Statistiken und Zahlen entziehen
kann, aber nicht solchen Aufnahmen von konkreten Schick-
salen. Syriens Krieg, der so schwer zu verstehen ist, lässt sich
in seiner Entsetzlichkeit sehr einfach begreifen. Es genügt, das
Bild einer Mutter zu sehen, die im Bett ihr Baby umarmt, ihr
zweites Kind, ein kleiner Bub, liegt neben ihr. Der Schutt ihres Hauses friert die Leichen der drei ein. Ein Bombentreffer in
der Nacht zuvor hat es zerstört. Das Foto stammt von einem
Bergeteam, das nach Verschütteten sucht. Als die Frau und
ihre Kinder sterben, gab es für die Familie keine Möglichkeit
mehr, den Osten Aleppos zu verlassen. Eine weitere Waffenruhe wurde gebrochen. Das syrische Regime behauptet ein-

mal mehr, die Stadt erobern zu wollen. Mit allen Mitteln. »Wir werden mit allen Arten von Waffen angegriffen, die laut Völkerrecht verboten sind«, sagt Mahmoud Raschwani, der Aktivist, der auch im so schrecklichen Herbst 2016 noch immer in Aleppo ist.

Einige Fotos des Bürgerkriegs werden zu Marksteinen des Konflikts. Dazu zählen besonders die Aufnahmen aus zwei Vororten von Damaskus, die am 21. August 2013 veröffentlicht werden. Sie zeigen Dutzende Tote, auf dem Betonboden armseliger Moscheen liegend. Fast unversehrt sehen die Leichen aus. Der Großteil sind Kinder. Sie tragen grüne Pyjamas oder nur eine bordeauxrote Unterhose. T-Shirts mit Einhörnern vor einem Regenbogen. Am nächsten Tag werden die Vorbereitungen für ihre Beerdigungen fotografiert: unerträglich viele, sehr kleine Körper in weißen Leinentüchern sind darauf zu sehen.

1429 Menschen sterben in den frühen Morgenstunden dieses Augusttages nach zwei Angriffen auf Ost- und West-Ghouta. Die Vorstädte von Damaskus sind etwa sechs Kilometer vom Zentrum entfernt. Wie UN-Inspektoren später erheben, wurde dabei mit an Sicherheit grenzender Wahrscheinlichkeit vom syrischen Regime das Nervengift Sarin eingesetzt. Boden-Boden-Raketen, über die zu diesem Zeitpunkt nur die Armee verfügte, hätten die Sprengsätze geladen gehabt. Sarin ist zwanzigmal tödlicher als Zyanid. Mehr als 4000 Menschen überleben schwer verletzt, strömen verletzt in die Krankenhäuser: mit Erstickungsanfällen, aus Augen und Ohren triefenden Sekreten, Muskelkrämpfen, schwerer Übelkeit.

Der Schock über diesen Angriff scheint eine Wendung in diesem Krieg zu bringen. US-Präsident Barack Obama hat zuvor mehrmals angekündigt, der Einsatz von Giftgas sei eine rote Linie. Sollte das syrische Regime solche Waffen einsetzen, würden die USA Luftschläge starten, so die Drohung. US-Außenminister John Kerry klingt am 31. August so, als würde er sein Land und den Rest der Welt auf eine Intervention vorbereiten: »Die Geschichtsbücher sind voll von Staatsmännern, die vor den Gefahren des Nichtstuns, der Ignoranz gewarnt haben. Vor allem vor der Gefahr des Schweigens, wenn es nötig ist, deutlich aufzubegehren«[106], sagt er: Dieses Risiko dürfe man nicht eingehen. In der Syrien-Krise sei es nun an der Zeit, zu handeln.

Nur einen Tag später entpuppt sich diese Ansage genauso wie die Drohung eines Angriffs als leere Worthülse. Die Intervention wird abgesagt. Stattdessen nehmen die USA den Vorschlag Russlands an, mit dem Assad-Regime zu kooperieren. Der Deal lautet: Syrien muss 1300 Tonnen Giftgas zerstören. Anfangs gilt das als Erfolg, doch zwei Jahre später wird bekannt, dass die Mitarbeiter der »Organisation für das Verbot von chemischen Waffen« bei allen ihren 16 Kontrollbesuchen in Damaskus laufend Sarin und andere Kampfgase gefunden haben.[107] Gleichzeitig bestätigt diese Organisation gemeinsam mit den Vereinten Nationen, dass bei drei Angriffen zwischen 2014 und 2015 unumstrittene Klarheit besteht, dass vom syrischen Regime Giftgas gegen die Zivilbevölkerung in Oppositionsgebieten eingesetzt wurde. In dem Bericht werden sogar die Einheiten identifiziert, die den Einsatz der Waffen ausgeführt haben.[108]

Dass das Überschreiten dieser »roten Linie« von den USA toleriert wird, führt zu einer fatalen politischen Wende. Dabei ist nicht entscheidend, ob ein militärisches Eingreifen in Syrien vor allem angesichts des Fiaskos im Irak 2003 und auch nach der gescheiterten Libyen-Intervention 2011 sinnvoll gewesen wäre. Oder ob eine Intervention den Krieg beendet hätte. Indem die klare Ankündigung, dass der Giftgaseinsatz eine rote Linie für einen Angriff darstelle, nicht eingehalten wurde, vermittelte dies dem Assad-Regime: Die Weltgemeinschaft wird jede Form von Brutalität tolerieren. Ohne vorangegangene Drohung wäre das Signal nicht so klar gewesen. So wird daraus ein politischer Super-GAU, der dazu führt, dass der Krieg in Syrien noch erbitterter ausgefochten wird.

Eine mit dem Völkerrecht konforme humanitäre Intervention rückt danach für Jahre in weite Ferne. Dafür wäre ein Beschluss des UN-Sicherheitsrates nötig. Die Veto-Macht Russland hat 2013 aber gelernt, dass die EU genauso wie die USA bereit sind, sich auf Verhandlungen einzulassen, die ein politisches Überleben des Assad-Regimes zulassen. »Njet« heißt es lange bei fast allen Beschlüssen, die den Verbündeten Syriens stören. Auch die Möglichkeit einer Anklage der syrischen Kriegsverbrecher beim Internationalen Strafgerichtshof, basierend auf einem Sicherheitsratsbeschluss ist – wenigstens vorerst – vom Tisch.

Die Verbrechen der Opposition: Aug' um Aug', Zahn um Zahn

Die sehr problematischen Folgen sind weitreichender, als man es annehmen würde. Sie drohen, das Vorgehen von Kriegsparteien weltweit künftig zu beeinflussen. Das fatale Signal, dass »alles geht«, setzt im Syrien-Konflikt eine Spirale von Gewalt und Gegengewalt in Gang, die alle Konfliktparteien in ihren Sog zieht. »Ein wichtiger Weg, um den täglichen Horror in Syriens Bürgerkrieg zu stoppen, von Enthauptungen bis hin zu brutalen Exekutionen und Verstümmelungen, wäre es, endlich den Eindruck zu stoppen, dass alle Täter straffrei bleiben«, betonte bereits 2013 Nadim Houry, Nahost-Direktor der

Menschenrechtsorganisation »Human Rights Watch«. Anlass seines Statements war ein Bericht seiner Organisation, in dem einer Miliz, die mutmaßlich im Rahmen der Freien Syrischen Armee agierte, schwere Menschenrechtsverletzungen nachgewiesen wurden. Dabei handelte es sich um die Omar-al-Farouq-Brigade. Ihr Kommandant verspeiste vor laufender Kamera die Innereien eines getöteten Soldaten der syrischen Armee. Das Video wurde schamlos und voller brutalem Stolz auf sozialen Medien geteilt.[109]

Bereits in den ersten Phasen des Bürgerkriegs griffen auch Teile der Freien Syrischen Armee Dörfer, die von Alawiten bewohnt waren, brutal an. Dazu kamen massive Repressionen gegen die eigenen Leute und auch die Bevölkerung: Plünderungen, Entführungen und Repressionen gegen jene, die nicht bereit waren zu kämpfen, waren häufig die Gründe dafür, dass viele das Vertrauen in die »moderaten« Rebellen verloren.

In weiterer Folge nahmen solche Vorfälle zu, wie »Amnesty International« in einem weiteren Bericht, veröffentlicht 2016, belegte. »In Aleppo genauso wie in der Stadt Idlib agieren bewaffnete Gruppen der Opposition völlig willkürlich. Sie begehen, ohne Strafe zu fürchten, Vergehen, die vom Völkerrecht klar als Kriegsverbrechen deklariert werden«, so Philip Luther, Nahost-Direktor dieser Menschenrechtsorganisation: »Was uns dabei so schockiert, ist, dass wir entdeckten, dass sie zu denselben Methoden greifen wie das syrische Regime.«[110]

Aufnahmen vom 18. Juli 2016 zeigen, wie Mitglieder der Rebelleneinheit Harakat Nour al-Din al-Zenki einen sehr jungen Mann lachend enthaupten. Später stellte sich heraus, dass es sich nicht um einen Minderjährigen handelte, wie die ersten Eindrücke nahelegten. Doch am Tatbestand unvorstellbarer Grausamkeit ändert dies wenig. Dieser Kämpfer einer Miliz aus dem Pro-Assad-Lager wurde verwundet und festgenommen. Danach wurde er verarztet, dann aber aus dem Krankenhaus entführt und grausam hingerichtet. Eigentlich war diese Miliz von den USA als »moderat« identifiziert worden und Teil des Trainingsprogramms. Zum Zeitpunkt des grausamen Übergriffs war diese Kooperation allerdings längst beendet, da bereits 2015 bekannt geworden war, dass diese Einheit mit skrupelloser Gewalt gegen moderate Aktivisten der Opposition vorgegangen war.

Diese Zenki-Brigade schließt sich im Herbst 2016 der extremistischen Nusra-Front an. Diese al-Kaida-Gruppe verübt in den von ihr kontrollierten Gebieten massive Menschenrechtsverletzungen. Ihre Scharia-Gerichte und Religionspolizisten agieren brutal wie jene Gruppe, die neben dem Regime für die abscheulichsten Verbrechen im syrischen Bürgerkrieg verantwortlich ist: die Terrormiliz »Islamischer Staat«.

Doch trotzdem scheint für Syrer die Gefahr des IS geringer als jene des Regimes, das in den ersten sechs Jahren Krieg für siebenmal mehr Todesopfer verantwortlich ist als der IS. Mit dem brutalen Angriff des Assad-Regimes und seines Verbündeten Russland auf Aleppo ab dem Sommer 2016 verschiebt sich sowohl diese Balance wie auch die Wahrnehmung der Bedrohung weiter weg vom IS.

Als die Terrormiliz 2014 die Gründung ihres »Kalifats« erklärt, umfasst dieses die Hälfte des syrischen Staatsgebiets. Inkludiert man den irakischen Teil des Gebiets, kommt man auf bis zu acht Millionen Menschen, die über Jahre hinweg in ihrer Gewalt sind: Fürchterliche Strafen drohen all jenen, die sich nicht dem radikal interpretierten religiösen Verständnis beugen. Brutale Hinrichtungen sind hier an der Tagesordnung. Neben Syrien okkupiert der IS einen Teil des Irak. Während ihres Feldzuges in diesem Land nehmen sie das Sindschar-Gebirge ein und massakrieren in den Dörfern und Städten die dort lebende Minderheit der Jesiden, verschleppen Tausende Frauen als »Sklavinnen«. Die Expertenkommission der Vereinten Nationen dokumentiert die Vergehen und stellt dabei den Tatbestand des Völkermordes in den Raum.

Als das Ausmaß dieses Gewaltexzesses im August 2014 sichtbar wird, ebenso die Gefahr einer weltweit agierenden Terror-Hochburg, entschließen sich die USA und schlussendlich 60 verbündete Staaten, im Syrien-Konflikt zu intervenieren. Doch der Krieg gegen den IS löst kein Problem. Im Gegenteil. Noch vor dem Ende des syrischen Konflikts brechen dort, wo der IS nicht mehr ist, die Fronten für den Krieg nach dem Bürgerkrieg auf.

[8]   Was von Syrien bleibt

Der jahrelange Konflikt ließ die Teile Syriens auseinanderdriften.
So legen im Norden die Kurden das Fundament für eine eigene
Verwaltung. Ihre bewaffneten Einheiten gelten als effizienteste
Einheit im Kampf gegen die Terrormiliz »Islamischer Staat«.
Es klingt wie eine Erfolgsstory mitten im aussichtslosen Chaos.
Doch dann greifen Kämpfer der Freien Syrischen Armee mit
Unterstützung der Türkei diese kurdischen Milizen an. Trotzdem:
80 Prozent der Bevölkerung sagen auch im sechsten Kriegsjahr:
Syrien, wie wir es vor 2011 kannten, soll bleiben. Damit das gelingt,
müssen die Wunden in den Seelen der Menschen und in der
Gesellschaft heilen. Und dies ist der eigentliche Kraftakt, der bevor-
steht und der nur gelingen wird, wenn einzig die Syrer und Syrerinnen
ihre Zukunft gestalten und nicht regionale oder globale Supermächte
dem Land ihre Ordnung aufzwingen.

Kurdinnen in Militär-Camouflage, deren Haarsträhnen sich
aus den Zöpfen lösen, mit Kalaschnikows, die am Rücken bau-
meln, umarmen in schwarzen Stoff gehüllte Frauen. Es fließen Tränen an diesem 12. August 2016 in der Stadt Manbidsch
im Norden Syriens, Tränen der Freude. Den Einheiten der von
Kurden dominierten »Syrischen Demokratischen Kräfte« SDF
ist es gelungen, die Terrormiliz »Islamischer Staat« von hier zu
vertreiben. Übermütig und überglücklich reißen sich Frauen,
die zwei Jahre gemäß den irren Normen der Terrormiliz leben
mussten, die Verschleierung vom Leib. Stecken sich erst eine

Zigarette an. Dann nehmen sie das Feuerzeug und verbrennen ihre Niqabs.

An diesem Tag spürt es Hevi zum ersten Mal seit sehr langer Zeit durch und durch: dieses Gefühl, dass es gut ist, zu leben. Dass Frauen wie sie leben. »Um zu kämpfen«, wie sie sagt. »Für unsere Würde.« Vier Mal hat die 17-Jährige versucht, sich das Leben zu nehmen. Die vergangenen zwei Jahre haben die einst behütete Schülerin erst in die Hölle des »Islamischen Staates« katapultiert, dann wieder zurück nach Hause, ins Sindschar-Gebirge, und nun in ein Regiment der kurdisch-syrischen »Volksverteidigungseinheiten« YPG.

Das Mädchen gehört zur irakischen Minderheit der Jesiden, deren Gebiete im Norden des Irak von der IS-Terrormiliz angegriffen wurden. Hevi war eine der mehr als 5000 Frauen, die verschleppt und als »Sklavin« nach Raqqah, in die »Hauptstadt« des Terrorstaates, gebracht wurden. Frauen wie sie wurden um den Gegenwert einer Schachtel Zigaretten auf Märkten verhökert, von ihren »Besitzern« so brutal vergewaltigt, dass viele an den Verletzungen starben. Oder sie starben, weil sie sich an ihren Kopftüchern erhängten, Rattengift nahmen. Hevi überlebte. Sie kam frei, aber bleibt Gefangene des Traumas. Nur unter großer Anstrengung bringt sie jetzt, ein Jahr nach ihrer Rettung, ein paar Sätze heraus. »Meine Wunden sind offen. Nichts ist heil. Wir mussten zusehen, wie die Köpfe unserer Leute rollten.«

Tausende, vielleicht Zehntausende Tote hat die Attacke auf diese Minderheit gefordert. Wie viele Morde der IS insgesamt in den Gebieten begangen hat, die er kontrollierte, wird später Stück für Stück eruiert werden müssen. Massengrab für Massengrab. Alleine in den 2016 vom IS befreiten Gebieten wurden 15.000 Opfer gefunden, die am Rande ihrer Städte in der Erde verscharrt wurden.

Seelen im Kriegszustand

Wie Hevi meldeten sich Hunderte Jesiden und Jesidinnen freiwillig bei den kurdischen Milizen. Innerhalb dieser verschlossenen und konservativen Kultur waren Soldatinnen noch vor Kurzem schlicht undenkbar. Doch das war auch die fürchterliche Gewalt, die man ihnen antat. Es klingt, als sei Kämpfen Hevis »Therapie« der Wahl: »Ich habe gehört, dass es im IS heißt, dass jene Terroristen, die von Frauen getötet werden, nicht ins Paradies kommen.« Ihre größte »Schwäche« – eine Frau zu sein und damit wehrloses Opfer sadistischer Gewalt – sei nun ihr Vorteil. »Die fürchten sich davor, von mir getötet zu werden.«

Ihre Kommandantin im Trainingslager der YPG-Miliz ist Hedar Resit: »Viele haben wie Hevi fürchterliche Qualen erlitten«, stellt sie in einem resoluten Tonfall fest: »Unsere Aufgabe ist es jetzt, ihnen zu zeigen, dass es keine Schande ist, was ihnen passiert ist, und dass sie sich wehren können und müssen. Das tut ihnen gut.« Hedar Resit stammt aus der Türkei und ist Mitglied der »Kurdischen Arbeiterpartei« PKK, sozusagen der »Mutterorganisation« der syrischen YPG. In dieser Gruppe ist die Gleichberechtigung von Frauen ein Dogma. Auch im Krieg und im Kampf. Angesichts der Tyrannei des IS empfinden die Kämpferinnen es nun geradezu als Mission, an die Front zu ziehen. Szenen wie im August 2016 in Manbidsch sind ein zentraler Etappensieg: »Mein Ziel ist es, die kurdischen Frauen, alle Syrerinnen, aus den Zwängen der traditionellen Gesellschaft zu befreien«, sagt YPG-Kommandantin Rojda Felat: »Vor allem aber von der Tyrannei des Terrors. Dafür tue ich alles.« Deshalb habe sie auch den Befehl über die Operation zur Befreiung der IS-Hauptstadt Raqqah für die 15.000 Kämpfer und Kämpferinnen der »Syrischen Demokratischen Kräfte« übernommen.

Solche martialischen Kampfansagen sind angesichts des Exzesses an Gewalt nachvollziehbar: Auch dass schwer misshandelte Teenager versuchen, mit einem Tarnanzug ihre Wunden zuzupflastern. »Das Vorgehen des IS ist einzigartig in seiner Brutalität. Frauen zu misshandeln ist Teil seiner Bürokratie geworden«, beschreibt Zainab Hawa Bangura den Terror mit System: »Den Kämpfern der Miliz ist es erlaubt, straffrei zu vergewaltigen. Sie werden sogar mit dem Versprechen, das tun zu können, angeworben.« Bangura ist die »UN-Sonderbeauftragte für den Kampf gegen sexuelle Gewalt in Kriegen«. Sie habe deshalb vieles gesehen, aber Syriens Konflikt übertreffe die Gewalt anderswo. »Es ist ein Krieg geworden, der über die Körper von Frauen ausgetragen wird«, ergänzt sie.

Dies passiert vor allem, aber nicht nur in den Gebieten des »Islamischen Staates«. Zehntausende Frauen werden in diesem Krieg in ihren Häusern und Dörfern zu Opfern von Gewalt. Vor allem in der ersten Phase des Konflikts wird diese abscheuliche Strategie mehrheitlich von paramilitärischen Milizen des Regimes eingesetzt, um ganze Familien aus sunnitischen Oppositionsgebieten zu vertreiben. Immer wieder kommt es vor, dass die Opfer danach zwangsweise geschieden werden. Der Psychiater Nadim Almoshmosh, ein Exil-Syrer aus London, arbeitet so oft es geht in Jordaniens Hauptstadt Amman ehrenamtlich mit geflüchteten Betroffenen, die erst misshandelt, dann ausgestoßen werden oder panische Angst davor haben: »Viele Frauen können nicht darüber sprechen, geschweige denn damit umgehen, was ihnen angetan wurde. So gut es geht, werden die Vorfälle vertuscht, damit die Familie ja nichts erfährt. Viele vergewaltigte Frauen, sofern sie die Gewaltattacken überleben, begehen Selbstmord. Vor allem, und das kommt häufig vor, wenn sie schwanger werden.«

Nicht nur das Land liegt in Trümmern. Eine tiefe Schneise an Traumata und seelischen Qualen zieht dieser Krieg durch die Gesellschaft Syriens, und sie reicht bis in die Nachbarländer. Eine ganze Generation wird den Kriegszustand nur mit großer Mühe abschütteln können. Auch Jahre, möglicherweise Jahrzehnte später werden die psychischen Wunden wieder aufbrechen. »Zu den ersten Einrichtungen, die wir jetzt aufbauen müssen, gehören eine psychiatrische Klinik und ein Rehabilitationszentrum«, betont Farouq al-Machi. Er ist Teil des von der Bevölkerung gewählten Militärrats von Manbidsch, zuständig für die provisorische zivile Verwaltung der 65.000-Einwohner-Stadt und den Wiederaufbau nach dem IS-Terror. Dabei gehe es mindestens ebenso sehr um die Seelen wie um die Häuser: »Wir müssen den Menschen, vor allem den Kindern, helfen, mit den Folgen der Tortur fertig zu werden.« Psychologische Betreuung sei dringend nötig, um sie auf dem Weg in die Normalität zu begleiten. »In den Familien ist es bereits zu Spannungen gekommen, weil die Heranwachsenden die Ideologie der Fanatiker eins zu eins aufgesaugt haben und den Eltern vorwerfen, keine ›echten‹ Muslime zu sein.« So wie alle Regionen unter der Kontrolle des IS war die Bevölkerung von Manbidsch hermetisch abgeriegelt. »Der IS hat Schulen in Gefängnisse verwandelt. Kinder mussten Hinrichtungen ansehen und wurden im Unterricht indoktriniert«, so al-Machi. Es sei nun eine Mammutaufgabe, sie tatsächlich zu befreien. Auch ihre Seelen, nicht nur die Häuser und Straßen, in denen sie leben.[III]

Was ist, wenn der IS nicht mehr ist?

Die militärische Befreiung von Manbidsch wird zum takti-schen Meilenstein im Kampf gegen den IS-Terror und seine 35.000 größtenteils ausländischen Kämpfer. 40 Kilometer ist die Stadt von der türkischen Grenze entfernt und an wichti-gen Verkehrsadern gelegen. Die Niederlage trifft die Terror-miliz empfindlich. Die Versorgungsroute zwischen der türki-schen Grenze und der Hauptstadt Raqqah ist gekappt. Schon Ende 2015 musste sich der IS vom Grenzübergang Tal Abyad zurückziehen. Nun ist der »Staat« isoliert. Der Schmuggel von Erdöl oder Raubgut ist nicht mehr möglich, die Beute kann nicht mehr versilbert werden. Der Nachschub von auslän-dischen Kämpfern ist gestoppt. Verstärkung würde aber ge-braucht. Sehr dringend. Denn wenige Tage nach dem Ver-lust von Manbidsch wird die Nummer zwei der Terrorgruppe, Mohammed al-Adnani, durch einen gezielten Raketenschlag der USA getötet.

Das »Kalifat« ist somit nach zwei Jahren rasantem Wild-wuchs in die Defensive geraten. Rapide schrumpft ihr Ter-rain in Syrien, besonders aber im Irak. Offensiven auf ihre bei-den Hochburgen, die Millionenstadt Mossul im Irak sowie die »Hauptstadt« Raqqah in Syrien, werden im Herbst 2016 auf Hochtouren vorbereitet. Doch damit rückt auch eine sehr un-angenehme Frage in den Vordergrund: Was ist, wenn der IS nicht mehr ist?

Wie schwierig es wird, eine Antwort auf diese Frage zu fin-den, illustriert die Lage im Irak. Im Oktober 2016 beginnt hier die lange angekündigte Offensive gegen die IS-Hochburg in der Millionenstadt Mossul. Noch bevor jedoch die ersten Vor-orte überhaupt eingenommen werden können, geschweige denn die ganze Stadt, wird die Rückeroberung dieser zentralen irakischen Metropole von Debatten darüber überschattet, wer sie denn künftig kontrollieren wird. Einmal mehr illustriert dies, wie eng die Konflikte in den Ländern des ehemaligen Groß-Syriens miteinander verwoben sind und wie ungemein schwierig es ist, sie zu lösen, ohne die Nachkriegsordnung nach dem Ersten Weltkrieg zu ändern.

»Wir hätten längst angreifen und Mossul erobern können«, zeigt sich Caravan Barouschi schon im Februar 2016 mehr als ungeduldig. Der Kommandant der kurdischen Peschmerga-Einheiten stand in diesem Moment mit seinen Truppen lediglich zwei Kilometer vor Mossul: »Wir müssen mit den Kämpfen warten, weil keiner weiß, wer die Stadt halten soll, wenn sie fällt.« Weder wären die kurdischen Truppen dort willkommen, noch seien sie bereit dazu, betont er: »Gleichzeitig besteht die irakische Armee vor allem aus Schiiten und wird unterstützt von Milizen aus dem Iran.« Für die mehrheitlich von Sunniten bewohnte Stadt sei das deshalb auch keine Lösung. »Aber irgendwann müssen wir reingehen. So oder so.«

Bereits Jahre vor dem Ausbruch des syrischen Bürgerkriegs konnte sich der spätere IS-Führer und »Kalif« Abu Bakr al-Baghdadi samt dem »Islamischen Staat im Irak« in Mossul festsetzen. Die Bevölkerung in den sunnitischen Teilen des Irak wurde von der schiitisch dominierten Regierung ins Abseits gedrückt und war bisweilen heftigen Repressionen ausgesetzt. Ein Drittel der Iraker sind Sunniten wie Ex-Diktator Saddam Hussein. Seit der US-Intervention 2003, die ihn stürzte, ist kein Weg gefunden worden, diesen Teil der Gesellschaft erfolgreich im Staat zu integrieren. Dies konnte die al-Kaida ausnutzen, um sich in den sunnitischen Hochburgen und dann im Bürgerkriegsland Syrien auszubreiten.

Stabilität werden weder Syrien noch der Irak finden, wenn das jeweilige Nachbarland weiter an chronischen Konflikten laboriert. Und auch die internationale Terrorgefahr wird sich nicht beruhigen lassen, wenn nur das Symptom, nicht aber die Wurzel bekämpft wird. »Genauso wenig, wie die al-Kaida sich auflöste, nachdem Osama bin Laden 2011 getötet worden war, wird die Terrorbedrohung des IS enden, wenn der ›Islamische Staat‹ oder der Führer al-Baghdadi erledigt sind«, warnt Hassan Hassan, Autor eines der Standardwerke zur Entstehung der IS-Terrormiliz[112]: »Um das Problem von ›ISIS-tan‹ im West-Irak und im Osten Syriens zu lösen, muss das politische Vakuum in diesen Regionen mit stabilen politischen Strukturen gefüllt werden. Das ist bisher im Irak nicht gelungen, und schon gar nicht in Assads Syrien.«

Das Problem sei, dass man das falsche Ziel anvisiert habe, betont Ex-US-Syrien-Boschafter Robert Ford. Er zählte vor seinem Abschied aus der Politik zu den mutigsten Nahost-Diplomaten und hielt bis zu seinem Abzug 2012 Kontakt zu Aktivisten der Opposition: »Wer den ›Islamischen Staat‹ angreift, löst nicht das Problem der Syrer. Das ist das Regime von Baschar al-Assad.«[113]

Mehr noch: Erst dessen Vorgehen konnte den Konflikt so zuspitzen. »Trotz all der horrenden Berichte über die Fanatiker des sogenannten ›Islamischen Staates‹ muss klar gesagt sein: Assad und sein Regime sind die Hauptverantwortlichen für die vielen Opfer in diesem Krieg, haben mit ihrem rücksichtslosen militärischen Vorgehen auch die Flüchtlingswelle ausgelöst und erst den Nährboden für Extremistengruppen geschaffen«, sagte Emile Hokayem, Syrien-Experte am »Institut für Internationale Studien« in London im Herbst 2015.[114]

Im Krieg ohne Grenzen

Ein Jahr später hat sich viel verändert. Nachdem knapp fünf Millionen offiziell registrierte Flüchtlinge in Syriens Nachbarländern Schutz vor dem Krieg gesucht hatten, weitere zwei Millionen inoffiziell, gingen die Grenzen zu. Europa, wo insgesamt 1,2 Millionen Menschen angekommen waren, schloss die sogenannte »Balkanroute«. Syrien war eine tödliche Falle geworden. Es gab keine Chance mehr zu entkommen. Zeitgleich geriet die internationale Diplomatie in eine Sackgasse. Die »Verantwortung zum Schutz«, ein Grundprinzip des internationalen Rechts, das seit 2005 die Politik der Vereinten Nationen mitprägen sollte, ist zur wirkungslosen Hülse verkommen. Das Prinzip würde unter anderem festlegen, dass die internationale Gemeinschaft in einem Land eingreifen »darf«, notfalls auch militärisch, wenn die dortige Führung das Leben der Bevölkerung massiv gefährdet.[115]

Wie wirkungslos dieses Prinzip ist, zeigt sich dramatisch, als die Kämpfe in Syrien verheerend eskalieren. Um 06.00 Uhr morgens am 26. September 2016 haben bereits zehn Raketen im Osten Aleppos eingeschlagen. Erst sechs Stunden ist es her, dass eine Dringlichkeitssitzung des UN-Sicherheitsrates zur Lage in der Stadt endete. Die Szenen, die sich in New York abspielen, sind symptomatisch für die enormen diplomatischen Schwierigkeiten, diesen Konflikt wenigstens im Zaum zu halten.

Es fallen sehr harte Worte. Großbritanniens Vertreter, Matthew Rycroft, wirft Russland die Beteiligung an Kriegsverbrechen in Syrien vor und verlässt wutschnaubend vorzeitig das Treffen. Die amerikanische UN-Botschafterin Samantha Power bezeichnet das Vorgehen des syrischen Regimes und

Russlands als »barbarisch«. Es wird kurz und viel gestritten und wenig bis nichts bewegt.

Samantha Power war vor ihrer Politik-Karriere Journalistin, ihre 2003 erschienene, mehr als 600 Seiten lange Abrechnung mit dem Versagen der US-Politik, auf internationaler Ebene einen Völkermord wie jenen in Ruanda zu stoppen[116], gilt als Standardwerk: »Selbst wenn die Amerikaner Fortschritte dabei machen, sich das Ausmaß der Brutalität und der Folgen vorzustellen, heißt das noch lange nicht, dass die Regierung glaubt, sich ein Eingreifen dagegen leisten zu können«, schreibt sie auf Seite 512. Nun ist sie Teil der Regierung. Teil des Versagens, »etwas« zu tun.

Ob es sich die US-Regierung leisten kann, diesen plötzlich sehr hohen Preis eines militärischen Eingreifens zu bezahlen? General Joseph Dunford, Vorsitzender des Vereinigten Generalstabs der US-Armee, rechnet ihn wenige Stunden nach dieser 7777. Sitzung des UN-Sicherheitsrates vor: »Wenn wir den Luftraum Syriens kontrollieren wollen, um die Angriffe zu stoppen, dann bedeutet das, dass wir gegen Syrien und auch Russland in den Krieg ziehen müssen.«

300 Menschen sterben in den Tagen vor dieser Sicherheitsratssitzung alleine in Aleppo. Und sie sterben auch am Tag danach. Und am übernächsten. Die Terrormiliz »Islamischer Staat« verliert in Syrien zwar massiv an Schlagkraft, doch ihre »Schwester«-Organisationen aus dem Spektrum der al-Kaida gewinnen simultan sehr viel an Kraft. Zwischen diesen Blöcken und einem brutalen Regime wird die moderate Opposition zerrieben. 90 Prozent der Angriffe der syrischen und der mit ihr verbündeten russischen Armee treffen den Rest der FSA-Truppen.

Der Krieg gegen den IS vermochte die Ängste vor der Terrorgruppe in Europa und den USA zu beschwichtigen, im

Bürgerkriegsgebiet selbst löste die Politik des Westens wenig. Mitunter verschärft sie den Konflikt sogar. Nachdem ein Versuch vom US-Außenministerium, die Freie Syrische Armee doch noch aufzurüsten, im Sommer 2015 kläglich scheiterte, setzte sich das US-Verteidigungsministerium durch. Dessen Rezept lautet: Die Unterstützung soll nun zu jener Gruppe fließen, der es als einziger gelungen ist, der Terrormiliz des IS die Stirn zu bieten: den kurdischen »Volksverteidigungseinheiten«, der YPG. Sie konnten mit Luftunterstützung der Anti-IS-Allianz im Januar 2015 die Stadt Kobane zurückerobern. Ab diesem Moment gelten sie als die effizientesten Partner für den Kampf gegen die Terrormiliz des IS in Syrien.

Im Oktober 2015 formieren sich die »Syrischen Demokratischen Kräfte« (SDF) als Allianz mehrerer Milizen: Neben der YPG sind bewaffnete Einheiten anderer Minderheiten, Christen, Turkmenen sowie einige arabische Ex-FSA-Milizen in dem Bündnis. Die SDF werden von den USA und ihren europäischen Verbündeten ausgerüstet, trainiert und in ihren Offensiven gegen den IS von einigen Hundert Militärberatern am Boden »beraten« – eine sachte Umschreibung der hier eingesetzten westlichen Elitesoldaten. Die SDF haben allerdings einen Schönheitsfehler: die Dominanz der kurdischen YPG.[117] Offiziell stellen sich die SDF als Dachorganisation von zwanzig Gruppen vor, doch diese Miliz hat das Sagen, sie stellt bis zu 90 Prozent der Kämpfer.

Deshalb gestalten sich die Pläne für die Eroberung der IS-Hauptstadt Raqqah schwierig. »Es ist für uns sehr schwer vorstellbar, von Kurden befreit zu werden. Viele bei uns halten da eher zu den IS-Kämpfern, die sie als arabische Schutzmacht erleben. Tja, einige sehen das so bei uns. Die würden eher mit dem IS gegen die Kurden kämpfen, wenn sie uns angreifen, als mit denen«, berichtet ein Aktivist aus der 300.000-Einwohner-Stadt per Mail. Nur so erklärt sich auch, warum die wenigen Tausend Kämpfer der Terrormiliz überhaupt so lange den Luftschlägen von 60 Staaten Paroli bieten konnten: Sie wurden in den arabisch-sunnitischen Regionen oft, aber eben nicht nur als Besatzungsmacht empfunden. Erschwerend kommt dazu, dass die kurdische YPG in jenen Gebieten, die sie vom IS erobert hat, massive Menschenrechtsverletzungen begeht. Arabische Dörfer werden förmlich ausradiert, wie ein Bericht von »Amnesty International« im Oktober 2015 belegt.[118] Die vom IS vertriebenen, lokal gewählten arabischen »Räte« werden nicht mehr in die Städte zurückgelassen, sondern es werden Verwalter eingesetzt, die ins Konzept der Kurden-Miliz passen. Mehr und mehr braut sich hier eine Konfrontation zusammen, die entsteht, weil das Gleichgewicht der Kräfte durch die massive Aufrüstung aus dem Ausland verschoben wird.

Der Alleingang der Kurden

2015 sieht es so aus, als wären Syriens Kurden die ersten Sieger in diesem Krieg: Um 186 Prozent ist das von ihnen gehaltene Gebiet in diesem Jahr gewachsen. Genau betrachtet handelt es sich bei dem neuen Machtfaktor jedoch nicht um *die* Kurden, sondern es profitiert in erster Linie die Partiya Yekitiya Demokrat, PYD, die »Partei der Demokratischen Union«. Ihr bewaffneter Flügel, die »Volksverteidigungseinheiten« (YPG), trägt den bislang erfolgreichen Eroberungsfeldzug gegen den IS und kontrolliert auch das Terrain. Den in der Türkei inhaftierten PKK-Chef Abdullah Öcalan betrachtet die PYD als ihre Führungsfigur. Von der Türkei – immerhin ein NATO-Verbündeter der USA – wird diese Gruppe als »Terror-

Organisation« eingestuft und als erklärter Erzfeind massiv bekämpft. Die Tatsache, dass diese PKK-Tochter nun die 400 Kilometer lange Grenze zu Syrien hält, sorgt für wachsende Missstimmung seitens der Türkei: Als die YPG ein Jahr später, im August 2016, Manbidsch erobern, ist es die erste Stadt westlich des Euphrat, die unter ihre Kontrolle fällt. Dies mit Zustimmung und Unterstützung der USA, obwohl der türkische Präsident Recep Tayyip Erdogan unmissverständlich klargemacht hat: Der Machtzuwachs der Miliz ist ihm ein sehr großer Dorn im Auge. Und der Euphrat ist die »rote Linie«. Überschreitet sie die Kurden-Miliz, dann werde er es nicht tolerieren. So kommt es dann auch. Ab August greift die Türkei militärisch ein. Die Operation »Euphrat Schild« startet. Sie beinhaltet auch die massive Aufrüstung von FSA-Kämpfern in Syrien und führt zu immer heftigeren Konflikten zwischen diesen ehemaligen Verbündeten.

Unmissverständlich stehen die Zeichen auf Sturm: »Heute sind wir in Manbidsch, aber morgen sind wir in Afrin und dann werden wir alle unsere Gebiete vereinen«, kündigt der YPG-General Ismet Scheikh beim Begräbnis eines im Krieg getöteten Kämpfers bereits im Juni 2016 an. Das zentrale Ziel der kurdischen Minderheit in Syrien ist mit der Eroberung dieser Stadt in greifbare Nähe gerückt: Durch die Verbindung der drei Provinzen oder »Kantone«, wie sie es nennen, von Afrin im Westen bis Kobane und dem Kanton Jazeera, wäre so eine einheitliche Region denkbar.

Unter dem Namen »Rojava«, übersetzt West-Kurdistan, beginnt diese Region im Norden Syriens bereits ab 2013 Konturen anzunehmen. In dem Gebiet von der Größe Belgiens leben vier Millionen Menschen. Im Windschatten des Krieges entsteht hier eine friedliche Oase, die sogar Kapazitäten besitzt, um Flüchtlinge aus dem Irak aufzunehmen.

Ab 2013 verfügen alle drei Kantone über eigene Regierungen, ab 2014 gibt es eine vorläufige Verfassung. Der Kampf gegen das Regime Assad, den die Kurden-Miliz zu Beginn des Konflikts Seite an Seite mit der bewaffneten arabischen Opposition führte, wird auf Eis gelegt. Ein Nicht-Angriffspakt wird vereinbart, der über weite Strecken hält. Dies geschieht, obwohl Präsident Assad wie auch sein Vater mit brutalen Repressionswellen gegen die kurdische Minderheit vorgingen und vielen Kurden die syrische Staatsbürgerschaft vorenthielten.

Im März 2016 treffen sich in der Stadt Rumeilan Vertreter mehrerer kurdischer Gruppen, um die Gründung einer autonomen föderalen Region feierlich zu beschließen. Der Zeitpunkt, der 17. März 2016, ist präzise gewählt. Gleichzeitig treffen sich Vertreter der syrischen Opposition mit dem Assad-Regime in Genf, um unter internationaler Patronanz Friedensverhandlungen zu führen. Die PYD ist auf Druck der Türkei von den Gesprächen ausgeschlossen. Mit dem »Staatsakt« wird demonstriert: Es geht auch ohne euch, auch ohne Syrien.

Und auch der Ort der Veranstaltung ist symbolträchtig: Rumeilan liegt nahe jener Erdölquellen, die nun unter Kontrolle der Kurden stehen. 40.000 Barrel werden täglich gefördert. Über den Norden des Irak wird der Rohstoff exportiert und ist so die wirtschaftliche Lebensader des Proto-Staates. Hier stellt die sogenannte »Demokratische Autonome Administration« den Alltag auf neue, eigenständige Beine. Von den Betriebsgenehmigungen bis zu den Lehrplänen an den Schulen: Jeder Amtsweg wird neu geregelt, und so vollzieht sich ein tiefer Strukturwandel.[119]

Während in Rest-Syrien Krieg herrscht, entsteht hier eine autonome Region, Rojava, mit einer eigenen Hauptstadt,

Qamischli, und einer eigenen Sprache. Dieses Gebiet wieder nahtlos in ein Syrien von vor 2011 einzugliedern, kann schon daran scheitern, dass sich die junge Generation nicht mehr mit ihren arabischen Landsleuten verständigen kann: Kinder, die ab 2014 in Rojava zur Schule gehen, werden kurdisch und nicht arabisch alphabetisiert. »Wir bringen hier etwas zustande, das aufzeigt, wie wunderbar ein kurdischer Staat sein kann«, schwärmt die 30-jährige Gulistan Sido. Sie hat in Paris an der Sorbonne in Philosophie promoviert. Nun hilft sie, die Universität im »Kanton« Afrin aufzubauen: den Grundstock einer syrisch-kurdischen Elite, wie sie hofft.

Nur leider weist dieser Rohbau eines Staates schon tiefe Brüche auf, bevor ihn seine Bürger so richtig beziehen können. Massive Spannungen mit anderen politischen Parteien entstehen. Die neuen Vertretungen sind bestellt, nicht gewählt. Sukzessive werden jene, die sich nicht im PYD-Lager einfinden oder gar gegen die PYD aufbegehren, unterdrückt. Journalisten und Politiker anderer Parteien müssen mit schweren Repressionen rechnen, werden zwangsweise in die kurdische Region des Nordirak abgeschoben. Es kommt zu massenhaften Verhaftungen. Besonders starker Druck wird auf die Rekrutierung von Kämpfern ausgeübt. Über tausend Jugendliche werden 2016 per Haftbefehl eingezogen.[120]

Wer den kurdischen Traum in der dort gelebten Variante nicht mittragen will oder kann, entscheidet sich zur Flucht. Radwan Hamo beispielsweise erzählt, dass er seinen Sohn Jude schnell wieder von der Universität genommen habe: »Wir haben unser Auto verkauft, von Verwandten Geld geborgt und den 23-jährigen Burschen nach Deutschland schmuggeln lassen. Er soll doch ein Leben haben! Es war aus unserer Sicht das kleinere Übel, das er wählen konnte: entweder die riskante Meeresüberfahrt zu wagen oder verhaftet und in den Militärdienst gezwungen zu werden, um sich für den Krieg gegen den IS aufzuopfern.«

An den Bruchstellen Syriens

»Diese Kurden sind schlimmer als das Assad-Regime. Ich habe jetzt zwölf Freunde zusammengetrommelt und wir gründen eine neue Miliz«, berichtet Alaadin Alzaeem im Februar 2016 aufgeregt. Der Familienvater Ende Dreißig lebt in Azaz. Nur acht Kilometer von der türkischen Grenze entfernt, an der alten Autobahn nach Aleppo, bildet diese Stadt mit ihrer Umgebung einen »arabischen« Siedlungs-Keil im sonst durchgängig von Kurden bevölkerten Gebiet: eine Hürde für die Einheit Rojavas.

Der Diplomingenieur für Maschinenbau hat acht Jahre in Japan bei einem großen Automobilkonzern gearbeitet. Als der Krieg begann, war er schon wieder zurück in Syrien und schloss sich einer säkularen Brigade an. »Nordsturm« hieß sie, gehörte zur FSA und alle Kämpfer waren ein wenig wie er: In Azaz geboren und zu Hause, kosmopolitisch, sehr gut gebildet, Technikfreaks und eher geeignet, erbeutete Panzer zu reparieren als eine Schlacht zu schlagen. Rebellen wie er sind das Idealbild von bewaffneten syrischen Oppositionellen, für die das Prädikat »moderat« verwendet wird. Nun ist er grenzenlos frustriert. Eine Offensive der IS-Milizen gegen Azaz droht, gleichzeitig beginnen erste Kämpfe mit kurdischen Einheiten. »Und was sollen wir jetzt tun? Die USA rüsten die Kurden auf, der IS kämpft gegen uns, das Regime auch. Und wir? Wer genau hilft jetzt uns?«

Er wollte sich bereits ganz von diesem Krieg zurückziehen, sagt Alaa: »Meine Ruhe haben. Aber jetzt geht es darum, unser arabisches Land zu halten. Da kann ich nicht in der Garage Autos reparieren, wenn die Kurden in unsere Städte einziehen.« Es ist ein Krieg nach dem Krieg, in den er in diesem Februar 2016 ziehen will, und von dem man gedacht hat, dass er erst nach dem Konflikt um Syrien entstehen würde.

Mohammad al-Ahmad kämpft Anfang 2016 in dieser Region für die Gruppe Dschabhat-al-Schamiya, eine Vereinigung mehrerer Rebellen-Milizen, die zum Restbestand der Freien Syrischen Armee gehören. »Ein paar Tausend von uns gibt es noch, aber nicht mehr lange. Die Amerikaner geben den Kurden bessere Waffen als uns. Wir, die arabischen Sunniten, haben diesen fürchterlichen Krieg verloren. In Aleppo zum Beispiel, da kämpfen die Kurden schon mit Assad gegen uns. Ohne deren Hilfe wäre die Belagerung momentan gar nicht denkbar. Und wovon redet die ganze Welt: dass man Assad doch halten soll. Es war alles für nichts.«

Seine Panik, damals im Februar 2016, war vorschnell, wie auch jene Alaas. Die Angst, die beide hatten, war aber berechtigt. Wie sich herausstellt, übernimmt sich die Kurden-Miliz mit der Eroberung von Manbidsch. Blitzschnell greift der türkische Präsident Erdogan im Herbst 2016 in den Krieg ein. »Operation Euphrat« tauft er die Intervention und verteidigt mit Panzern, Bomben und Raketen seine »rote Linie«. Niemals, betont er, werde er es dulden, dass Kurden die gesamte Grenze zur Türkei besetzen.

Das türkische Militär marschiert über die Grenze und von einem Moment auf den anderen wird die scheintote Freie Syrische Armee wiederbelebt. Es ist jene Truppe, die ab 2015 bislang mit wenig Erfolg von den USA trainiert worden war. Gemeinsam mit türkischen Soldaten kämpfen nun die Rebellen vom Abstellgleis mit neuer Kraft. Und zwar gegen die kurdischen Milizen. Ein bizarres Detail, das zeigt, wie verfahren die Lage tatsächlich geworden ist: Syrische Rebellen, die vom US-Außenministerium trainiert und ausgerüstet wurden, ziehen in diese Schlacht gegen syrisch-kurdische Milizen, die vom US-Verteidigungsministerium trainiert und ausgerüstet wurden. Amerika ist somit im sechsten Jahr des Krieges in einen Stellvertreter-Krieg gegen sich selbst verwickelt.

Auf der Suche nach der Zukunft Syriens

»Mein Zuhause, das liegt in der Zukunft. Meine Gegenwart ist zerstört«, sagte Mouna Yazan, eine 17-jährige junge Frau aus dem Dorf Akhatarin, bereits zwei Jahre nach Kriegsbeginn. Das war kurz bevor sie in die Türkei floh. Wie viele Dörfer im Hinterland Aleppos, bis Azaz und dann zur türkischen Grenze, bietet ihr Heimatdorf 2017 ein Bild verzweifelter Trostlosigkeit. Es ist ein krasser Gegenentwurf zu dem ein paar Kilometer entfernten, aufblühenden Kurden-Gebiet, wo Universitäten eröffnet und neue Firmen gegründet werden. Die wenigen Früchte der steinharten Felder sind abgeerntet, heißer Wind wirbelt leere Patronenhülsen durch Olivenhaine. In dieser winzigen Region im Nordosten Syriens verdichtet sich der Bürgerkrieg zu einem Knäuel an Frontlinien. Von einer humanitären Zone, einem Flugverbot ist hier die Rede. Schon seit Jahren. Doch die meisten, die hier einmal lebten, haben ihrem Land den Rücken gekehrt und sich ein neues Leben in Deutschland, in Österreich oder anderswo aufgebaut. Die Schutzzone, die es hier nicht gab, haben sich fast sechs Millionen selbst errichtet: im Exil.

Von den Städten hier überdauerten nur Ruinen den Krieg. Aus Aleppo, der alten Metropole im Norden Syriens, dem

Jobmotor, der Stadt der Rosen, Seifen und Restaurants, steigt Rauch auf.

Ein befriedetes, wieder zu einer Einheit zusammengewachsenes Syrien in den Grenzen von 2011 ist abstraktes Verhandlungsgut bei Gesprächen in Wien, Genf und New York geworden. Aber seltsamerweise nicht nur dort: Mit bemerkenswerter Hartnäckigkeit klammert sich auch 2016 noch eine Mehrheit der im Land verbliebenen Syrer an die Idee, ein Volk, ein Staat zu sein. Mit Ausnahme der zirka zehn Prozent Kurden, die im Norden leben, haben beide Seiten der Front und gleichgültig, welche Gotteshäuser sie frequentieren, diesen Traum bewahrt. Dabei lässt das Beispiel der Entwicklung der ethnischen Minderheit der Kurden ahnen, dass die Folgen des Krieges nicht per Friedensvertrag zurückgespult werden können wie bei einem Video.

Der Krieg hat das Land in viele Teile zerrissen. Nach sechs Jahren Krieg wird in verschiedenen Landesteilen mit unterschiedlichen Währungen bezahlt, mit US-Dollar, türkischen Lira, syrischen Pfund und irakischen Dinaren. Kinder sprechen unterschiedliche Sprachen im Unterricht, werden nach mindestens vier verschiedenen Lehrplänen unterrichtet: im »Islamischen Staat«, in den kurdischen Gebieten, im regimetreuen Damaskus und in den provisorischen Schulen in den Oppositionsgebieten. Die Kinder, die zu Kriegsbeginn in den Vorstädten von Damaskus geboren wurden, sind sechs Jahre alt geworden, ohne ein einziges Mal die sechs Kilometer entfernte Innenstadt zu sehen. Und was die Kinder in den Oppositions-Hochburgen von ihrem »Staat« bislang kennen, ist Bombenhagel.

Wer wird siegen in diesem Krieg? »Seit dem März 2011 hat sich in Syrien die Definition des Wortes ›Sieg‹ massiv verändert«, schreibt die syrische Exil-Journalistin Lina Sergie Attar nach sechs Jahren Krieg: »Für die Rebellen und die Soldaten des Regimes ist Siegen ein ständiger Kampf um Land geworden, Checkpoint für Checkpoint. Für die Supermächte dieser Welt bedeutet Sieg, wenn sie verhindern, dass Terroristen aus Syrien in ihre Länder kommen. Für mich, die an eine faire Revolution glaubte, wäre es ein Sieg, wenn ich die syrischen Flüchtlingskinder, die nun im Libanon und in der Türkei auf der Straße betteln, an der Hand nehmen und in einen funktionierenden Staat heimbegleiten könnte, in einen ohne Diktatur und Bomben.« Ein Sieg, schreibt sie dann noch, wäre es, »wenn ich mein Syrien, das in so viele Teile zerfallen ist, nehmen und es zusammensetzen könnte, sodass ich es wiedererkennen kann.«[121]

Anmerkungen und Quellen

1 Die Informationen zum Tod von Khaled As'ad basieren auf
   Interviews mit Aktivisten der Opposition in Palmyra, die baten,
   anonym zu bleiben, auf einem Interview mit Univ.-Prof. Andreas
   Schmidt-Colinet sowie: Christina Lamb, The Martyr of Palmyra.
   Sunday Times. 25. 8. 2015. http://www.thesundaytimes.co.uk/sto/
   news/focus/article1597272.ec
2 Zu den Daten: Thanassis Cambanis, The Case for a More Robust U. S.
   Intervention in Syria. The Century Foundation. 19. 6. 2016.
   https://tcf.org/content/report/the-case-for-a-more-robust-inter-
   vention-in-syria/
3 Christoph Reuter et al., Weltmachtkampf. Der Spiegel. 8. 10. 2016
4 John Allen, Charles Lister, Bring Syria's Assad and His Backers to
   Account now. Washington Post. 21. 10. 2016.
   https://www.washingtonpost.com/opinions/global--
   opinions/bring-syrias-assad-and-his-backers-to-account-
   now/2016/10/21/554b56ba-97a6-11e6-bb29-bf2701dbe0a3_story.
   html?utm_term=.582c5a4d1468
5 Zur globalen Terrorbedrohung des IS siehe: Petra Ramsauer, Die
   Dschihad-Generation. Styriabooks. Wien. 2015
6 Joe Parkinson et al., Syria's Monument Men. Wall Street Journal.
   10. 2. 2015. http://www.wsj.com/articles/syrian-monuments-
   men-race-to-protect-antiquities-as-looting-bankrolls-terror-
   1423615241
7 Siehe dazu: Annie et Maurice Sartre, Palmyre. Vérités et Légendes.
   Paris. Perrin. 2016
8 Amnesty International, Torture, Despair and Dehumanization in
   Tadmur Military Prison. September 2001. https://www.amnesty.
   org/en/documents/MDE24/014/2001/en/
9 Giulia Prati, Between Propaganda and Public Relations. Columbia.
   Journal of International Affairs. 9.3.2015. https://jia.sipa.columbia.
   edu/online-articles/between-propaganda-and-public-relations-
   analysis-bashar-al-assad's-digital

10 Siehe dazu: John NcHugo, Syria. A Recent History. Saqi Books. London. 2014

11 Dalia Mortada, The Flavors That Unite Syrians. New York Times. 11.9.2016. http://www.nytimes.com/2016/09/11/opinion/sunday/the-flavors-that-unite-syrians.html?_r=1. Ihr online-Projekt: http://savoringsyria.com/

12 Die Daten sind mit Stand September 2016 erhoben und dem »Regional Refugee & Resilience Plan 2016–2017« entnommen. Siehe: http://data.unhcr.org/syrianrefugees/regional.php

13 Steve Coll, Assad's War on Aleppo. The New Yorker. 5.9.2016

14 Die hier und in weiterer Folge zitierten volkswirtschaftlichen Daten stammen aus: Confronting Fragmentation. Syria Center for Policy Research. Februar 2016. http://scpr-syria.org/publications/confronting-fragmentation/ sowie: Syria's Economic Outlook. Weltbank. Frühling 2016. http://www.worldbank.org/en/country/syria/publication/economic-outlook-spring-2016

15 Die Informationen zu den Ereignissen in Dara'a im Februar und März 2011 sowie zur Biografie der Kinder stammt zum Großteil aus Interviews, geführt von der Autorin, in Dara'a im April 2012 sowie mit mehreren Augenzeugen und Familienmitgliedern der Kinder in Amman, Zataari sowie Ramtha, Jordanien, im Mai 2016. Ergänzend dazu: Amal Hanano, The Syrian Schoolboys Who Sparked the Revolution. The National. 30.3.2012. http://www.thenational.ae/lifestyle/the-syrian-schoolboys-who-sparked-a-revolution. Oussama Issa, La guerre aux mots. Libération. 10.3.2016. http://www.liberation.fr/planete/2016/03/10/moawyah-sayasneh-la-guerre-aux-mots_1438793

16 Francesca De Châtel, The Role of Drought and Climate Change in the Syrian Uprising: Untangling the Triggers of the Revolution. Middle Eastern Studies. 27.1.2014. http://dx.doi.org/10.1080/00263206.2013.850076

17 Rabie Nasser et al., Socioeconomic Roots and Impact of the Syrian Crisis. Syrian Center for Policy Research. Januar 2013. http://scpr-syria.org/publications/policy-reports/socioeconomic-roots-and-impact-of-the-syrian-crisis-2013/

18 Jeanne Gobat, Kristina Kostial, Syria's Conflict Economy. IMF Working Paper. Juni 2016. https://www.imf.org/external/pubs/ft/wp/2016/wp16123.pdf

19 Das Transkript dieses Interviews ist unter diesem Link in voller
    Länge abrufbar: http://www.wsj.com/articles/SB100014240527
    48703833204576114712441122894
20 Khaled Yacoub Oweis, The Last Bastion of the Syrian Revolt.
    Stiftung Wissenschaft und Politik. Berlin. Februar 2015.
    http://www.swp-berlin.org/en/publications/swp-comments-
    en/swp-aktuelle-details/article/the_last_bastion_of_the_syrian_
    revolt.html
21 Hugh Macleod, How Schoolboys Began the Syrian Revolution.
    Global Post. 26.4.2011. http://www.cbsnews.com/news/
    how-schoolboys-began-the-syrian-revolution/
22 Nour Ali, Hama – The City That's defying Assad. The Guardian.
    31.7.2011. https://www.theguardian.com/world/2011/aug/01/
    hama-syrian-city-defying-assad
23 Aaron Lund, The Non-State Militant Landscape in Syria.
    Combating Terrorism Center. Westpoint. 27.8.2013.
    https://www.ctc.usma.edu/posts/the-non-state-militant-
    landscape-in-syria
24 Greg Miller, Plans to Send Heavier Weapons to CIA-backed Rebels.
    Washington Post. 23.10.2016. https://www.washingtonpost.
    com/world/national-security/plans-to-send-heavier-weapons-
    to-cia-backed-rebels-in-syria-stall-amid-white-house-skepticism/
    2016/10/23/f166ddac-96ee-11e6-bb29-bf2701dbe0a3_story.
    html?tid=ss_tw-bottom
25 Mark Mazetti, Ali Younes, C.I.A. Arms for Syrian Rebels Supplied
    Black Market, Officials Say. 26.6.2016. http://www.nytimes.
    com/2016/06/27/world/middleeast/cia-arms-for-syrian-rebels-
    supplied-black-market-officials-say.html?_r=0
26 Wolfgang Ischinger, Europa hat in Syrien versagt. Das Handelsblatt.
    12.10.2016. https://www.securityconference.de/news/article/
    schuldig-durch-unterlassen/
27 Christoph Reuter, Die schwarze Macht. Spiegel Buch. April 2015
28 Laila al-Shami, Robin Yassin-Kassab, Burning Country. Pluto Press.
    London 2016
29 Nadim Shehadi, The Syrian Opposition is Fighting the Enemy
    within the Mind of Every Citizen. The Guardian. 12.6.2012.
    https://www.theguardian.com/commentisfree/2012/jun/12/
    syrian-opposition-enemy-within

30 Ruth Sherlock, Syria Plunges Toward Civil War after Houla Massacre. The Telegraph. 28. 5. 2012. http://www.telegraph.co.uk/news/worldnews/middleeast/syria/9296335/Syria-plunges-towards-civil-war-after-Houla-massacre.html

31 Siehe dazu die Presseaussendung zur 6826. Sitzung des UN-Sicherheitsrates vom 31. 8. 2012. http://www.un.org/press/en/2012/sc10752.doc.htm

32 Jihad Yazigi, No Going Back. European Council on Foreign Relation. Policy Brief. September 2016. http://www.ecfr.eu/page/-/ECFR185_-_NO_GOING_BACK_-_WHY_DECENTRALISATION_IS_THE_FUTURE_FOR_SYRIA.pdf

33 Die Geschäftsverbindungen und Hintergründe Rami Makhloufs hat das Internationale Konsortium Investigativer Journalisten hier zusammengefasst: https://projects.icij.org/swiss-leaks/people/rami-makhlouf

34 Aaron Lund, The Non-State Militant Landscape in Syria. Combating Terrorism Center. Westpoint. 27. 8. 2013. https://www.ctc.usma.edu/posts/the-non-state-militant-landscape-in-syria

35 Tobias Schneider, The Decay of the Syrian Regime Is Much Worse Than You Think. War on the Rocks. 31. 8. 2016. http://warontherocks.com/2016/08/the-decay-of-the-syrian-regime-is-much-worse-than-you-think/

36 Thanassis Cambanis, A Black Hole of Instability. New York Times. 16. 4. 2016

37 Gobat, Kostial. 2016. Op. cit.

38 Fabrice Balanche, Damascus Control Emboldens Assad Nationally. The Washington Institute. 2. 8. 2016. http://www.washingtoninstitute.org/policy-analysis/view/damascus-control-emboldens-assad-nationally

39 Jaroslav Trofimov, Hezbollah's Conundrum. Wall Street Journal. 18. 8. 2016. http://www.wsj.com/articles/hezbollahs-syria-gambit-strains-local-allegiances-1471512601

40 Afshon Ostovar, Soldiers of the Revolution. Foreign Affairs. 7. 9. 2016. https://www.foreignaffairs.com/articles/iran/2016-09-07/soldiers-revolution

41 Kheder Khaddour, The Syrian Army's Accidental Resilience. Carnegie Endowment for International Peace. 14.3.2016. http://carnegieendowment.org/2016/03/14/strength-in-weakness-syrian-army-s-accidental-resilience-pub-62968

42 Syria's Beleaguered Christians. BBC World News. 25.2.2015

43 Scott Anders, Fractured Land. New York Times. 11.8.2016. http://www.nytimes.com/interactive/2016/08/11/magazine/isis-middle-east-arab-spring-fractured-lands.html?_r=0

44 Aron Lund, The Ghosts of Hama. Swedish International Liberal Center. Juni 2011. http://all4syria.info/wp-content/uploads/2011/06/The-Ghosts-of-Hama.pdf

45 Aufgrund der Brisanz des Zitates wurde der Guardian-Redakteur Marin Chulov von der Autorin kontaktiert. Er bestätigte, dass Walid Dschumblatt ihm im Frühling 2016 von diesem Gespräch in diesem Wortlaut erzählt habe. Die Weiterverwendung des Zitates aus dem Artikel an dieser Stelle in diesem Buch wurde von Chulov ausdrücklich und schriftlich genehmigt. Siehe: Martin Chulov, Rebels Fear Assad Victory. The Guardian. 17.7.2016. https://www.theguardian.com/world/2016/jul/17/rebels-fear-assad-victory-in-syria-as-noose-tightens-around-aleppo

46 Siehe dazu: Jeremy Bowen, Interview with Bashar al-Assad: If You Kill the People They'll Be Against You. New Republic. 16.2.2015. https://newrepublic.com/article/121066/bashar-al-assad-interview-syrian-army-doesnt-use-barrel-bombs und weiters: Das Transkript eines Interviews der Nachrichtenagentur AP vom 22.9.2016. http://bigstory.ap.org/article/c6cfec4970e44283968baa98c41716bd/full-transcript-ap-interview-syrian-president-assad

47 Der Name ist verändert, die Biografie so dargestellt, dass die wesentliche Charakteristik der Person erhalten bleibt, das persönlich sehr hohe Risiko dieses Interviews verringert wird und sie so nicht identifizierbar ist.

48 Das Video ist unter diesem Link abrufbar: http://www.theatlantic.com/news/archive/2016/09/syria-tourism-video/498452/

49 Raja Abdulrahim, Syria Regime Drafts Prisoners, Teachers to Bolster Depleted Army. Wall Street Journal. 5.8.2016. http://www.wsj.com/articles/syria-strains-to-bolster-depleted-military-1470413365

50 Das Zitat und die in den folgenden Absätzen erwähnten Daten sind dem Bericht des Generalsekretärs an den UN-Sicherheitsrat vom 17. Juni 2016 entnommen. http://www.un.org/en/ga/search/view_doc.asp?symbol=S/2016/546

51 Siege Watch. Second Quarterly Report. Syria Institute. PAX. May 2016. http://siegewatch.org/wp-content/uploads/2015/10/PAX_TSI_REPORT_Syria_Siege_FINALweb.pdf

52 siehe Annie Sparrow, Aiding Disaster. Foreign Affairs. Snapshot. 1. Februar 2016. https://www.foreignaffairs.com/articles/syria/2016-02-01/aiding-disaster

53 Ben Parker, Aleppo is Screwed. Thanks Everyone. IRIN. 29.7.2016. https://www.irinnews.org/opinion/2016/07/29/aleppo-screwed-thanks-everyone

54 Nick Hopkins, Emma Beals, UN Pays Tens of Million to Assad Regime. The Guardian. 29.8.2016. https://www.theguardian.com/world/2016/aug/29/un-pays-tens-of-millions-to-assad-regime-syria-aid-programme-contracts

55 Die entsprechenden Resolutionen des UN-Sicherheitsrates: 2139 (2014), 2165 (2014), 2191 (2014), 2254 (2015), 2258 (2015)

56 Siehe dazu: Evaluation of OCHA Response to the Syrian Crisis. March 2016. https://docs.unocha.org/sites/dms/Documents/OCHA%20Syria%20Evaluation%20Report_FINAL.pdf

57 Der Brief der Mütter von Daraya ist unter diesem Link abrufbar: https://www.newsdeeply.com/syria/articles/2016/04/22/women-of-daraya-help-us-avoid-another-madaya

58 Liz Sly, Syrian Activist Ghiath Matar's Death Spurs Grief Debate. Washington Post. 14.9.2011. https://www.washingtonpost.com/world/middle-east/syrian-activist-ghiyath-matars-death-spurs-grief-debate/2011/09/14/gIQArgq8SK_story.html

59 Zu den Zitaten und Daten zu den Vorfällen in Daraya vom August 2012 siehe: Khaled Yacoub Oweis, Assad's Forces Accused of Massacre near Syrian Capital. Reuters. 26.8.2012. http://www.reuters.com/article/syria-crisis-idUSL5E8JQ3DU20120826

60 https://www.sams-usa.net/foundation/images/PDFs/Slow%20Death_Syria%20Under%20Siege.pdf

61 Siehe: Madaya. Portray of a Syrian Town under Siege. Physicians for Human Rights. Syrian American Medical Society. July 2016. https://www.sams-usa.net/foundation/images/Madaya%20report_FINAL_v2.pdf

62 Emma Beals, The Syrian Humanitarian Food Farce. The Daily Beast. 3.6.2016. http://www.thedailybeast.com/articles/2016/06/02/the-syrian-humanitarian-food-farce.html

63 Das Statement vom 25. Juli 2016 von Stephen O'Brien ist unter diesem Link abrufbar: https://docs.unocha.org/sites/dms/Documents/ERC_USG%20Stephen%20OBrien%20Statement%20on%20Syria%20to%20SecCo%2025July2016%20CAD.pdf

64 Alice Ford, The Siege that Keeps a Rebel Town in Syria Desperate for Food Aid. NPR. 12.7.2016. http://www.npr.org/sections/parallels/2016/07/12/484946410/the-siege-that-keeps-a-rebel-town-in-syria-desperate-for-food-aid

65 Rim Turkmani, Countering the Logic of the War Economy in Syria. London School of Economics. 30.7.2015. http://www.securityintransition.org/wp-content/uploads/2015/08/Countering-war-economy-Syria2.pdf

66 Die Informationen zu den Fassbomben stammen von Human Rights Watch, mehrere Dokumente. Siehe dazu die Zusammenfassung: https://www.hrw.org/world-report/2016/country-chapters/syria, sowie die regelmäßigen Berichte des UN-Hochkommissariats für Menschenrechte http://www.ohchr.org/EN/HRBodies/HRC/IICISyria/Pages/IndependentInternationalCommission.aspx

67 http://sn4hr.org/blog/2016/02/22/18776/

68 Siehe dazu den Bericht von Human Rights Watch: https://www.hrw.org/news/2015/08/05/barrel-bombs-not-isis-are-greatest-threat-syrians

69 Berichte aus dem Westen Aleppos wären nur mit Genehmigung der Behörden in Damaskus möglich gewesen, die der Autorin verweigert wurde. Telefonate mit Bewohnern wurden nur anonym geführt. Deshalb wird hier auf Reportagen internationaler Kollegen verwiesen, besonders auf die Arbeiten von Loveday Morris wie dieser Bericht: A Tale of Two Cities, Washington Post. 19.3.2016. https://www.washingtonpost.com/world/middle_east/a-tale-of-two-cities-in-aleppo-rubble-on-one-side-packed-restaurants-on-the-other/2016/03/19/3758a0cc-e55e-11e5-a9ce-681055c7a05f_story.html

70 Ruth Sherlock, Aleppo Massacre. The Telegraph. 30.1.2013.
http://www.telegraph.co.uk/news/worldnews/middleeast/
syria/9838299/Aleppo-massacre-as-more-bodies-are-lifted-
from-the-river-families-bury-their-dead.html

71 Nabih Bulos, Residents of Government Held Aleppo Feel the
World has Forgotten Them. Los Angeles Times. 1.9.2016.
http://www.latimes.com/world/middleeast/la-fg-syria-aleppo-
media-war-20160830-snap-htmlstory.html

72 Die Satellitenaufnahmen sind unter diesem Link abrufbar:
http://www.unitar.org/unosat/node/44/2344?utm_source=
unosat-unitar&utm_medium=rss&utm_campaign=maps

73 Raja Abdulrahim, There are no More Panes of Glass Left in Aleppo.
Wall Street Journal. 26.10.2016. http://www.wsj.com/articles/
there-are-no-more-panes-of-glass-left-in-aleppo-1477409238

74 Syria 2015. Documenting War-wounded in MsF Supported Clinics.
Siehe https://www.doctorswithoutborders.org/sites/usa/files/
syria_2015_war-dead_and_war-wounded_report_en.pdf

75 Samar Attar, The Hell of Syria's Field Hospitals. New England
Journal of Medicine. 9.6.2016. http://www.nejm.org/doi/
pdf/10.1056/NEJMp1603673

76 Rabie Nasser et al. Januar 2013. Op.cit.

77 Richard Spencer, Aleppo is Becoming Syria's Stalingrad. 11.8.2012.
The Telegraph. http://www.telegraph.co.uk/news/worldnews/
middleeast/syria/9469080/Aleppo-is-becoming-Syrias-
Stalingrad.html

78 Da bei einigen Fällen die Angehörigen auf einer Nachrichtensperre
nach der Entführung bestehen, gibt es hier keine exakte Zahl der
Betroffenen. Nach Informationen der Autorin dürfte es sich um
zirka 40 Fälle handeln.

79 Ben Taub, The Shadow Doctors. The New Yorker. 27.6.2016

80 Liz Sly, A Mini World War Rages in the Fields of Aleppo.
Washington Post. 14.2.2016 https://www.washingtonpost.com/
world/middle_east/a-mini-world-war-rages-in-the-fields-of-
aleppo/2016/02/14/d2dfff02-d340-11e5-a65b-587e721fb231_
story.html

81 Clarissa Wards Statement lässt sich hier abrufen:
https://www.youtube.com/watch?v=XJZ6xz6X-zA

82 Aufseiten der syrischen Armee kämpften folgende Gruppen: Harakat An Nujaba, Liwa Imam Al Mahdi, Kata'ib al-Imam Ali, Kata'ib Hezbollah, Liwa Al Bakir.

83 Edward Dark, Aleppo Fears New ISIS Offensive. Al Monitor. 11.7.2014. http://www.al-monitor.com/pulse/originals/2014/06/syria-aleppo-isis-regime-rebels-iraq-mosul.html#ixzz4GuxPrsMh

84 Omar Shaaban, We live in Aleppo. This is How We Survive. Washington Post. 21.10.2016. https://www.washingtonpost.com/posteverything/wp/2016/10/21/how-to-survive-in-aleppo/?postshare=7091477051542048&tid=ss_fb&utm_term=.bfd6d8f6bece

85 Jeanne Gotar, Kristina Kostial, Syria's Conflict Economy. International Monetary Fund. Juni. 2016. https://www.imf.org/external/pubs/ft/wp/2016/wp16123.pdf

86 Fabrice Balanche, Raqqa Will Not Fall Until Arab Tribes Fight the Islamic State. Washington Institute for Near East Policy. 2.6.2016. http://www.washingtoninstitute.org/policy-analysis/view/raqqa-will-not-fall-until-arab-tribes-fight-the-islamic-state

87 Why Young Syrians Choose to Fight. Vulnerability and Resilience to Recruitment by Violent Extremist Groups in Syria. International Alert. Februar 2016. http://www.international-alert.org/resources/publications/why-young-syrians-choose-to-fight#-sthash.Rd09Erdc.dpbs

88 Zur Involvierung der Türkei gibt es eine Fülle von Quellen. Hier stellvertretend zitiert der ehemalige US-Botschafter in der Türkei: Eric S. Edelman, America's Dangerous Bargain with Turkey. New York Times. 25.8.2015. http://www.nytimes.com/2015/08/27/opinion/americas-dangerous-bargain-with-turkey.html?_r=2

89 Elizabeth Dickinson, Playing with Fire. Brookings Institute. 6.12.2013. https://www.brookings.edu/research/playing-with-fire-why-private-gulf-financing-for-syrias-extremist-rebels-risks-igniting-sectarian-conflict-at-home/
Entsprechende Zusatzinformationen zu späteren Geldflüssen sind zu finden in: Charles Lister, The Syrian Jihad. Hurst. London 2015, und Petra Ramsauer, Generation Dschihad. Styriabooks. Wien 2015

90 Mariam Karouny, Syria's Nusra Front May Leave Qaeda to Form New Entity. Reuters. 4.3.2015. http://af.reuters.com/article/libyaNews/idAFL5N0W44TC20150304?feedType=RSS& feedName=libyaNews&utm_source=dlvr.it&utm_medium=twitter&sp=true

91 Jennifer Cafarella et al., Al Qaeda is Gaining Strength in Syria. Foreign Policy. 1.9.2016. http://foreignpolicy.com/2016/09/01/al-qaeda-is-gaining-strength-in-syria/

92 Labib al Nahhas, The Deadly Consequences of Mislabeling Syria's Revolutionaries. Washington Post. 10.7.2015. https://www.washingtonpost.com/opinions/the-deadly-consequences-of-mislabeling-syrias-revolutionaries/2015/07/10/6dec139e-266e-11e5-aae2-6c4f59b050aa_story.html?utm_term=.bb4ce17ddfa6

93 Mark Mazetti, Mark Apuzzo, U.S. Relies Heavily on Saudi Money to Support Syrian Rebels. New York Times. 16.1.2016. http://www.nytimes.com/2016/01/24/world/middleeast/us-relies-heavily-on-saudi-money-to-support-syrian-rebels.html?_r=1

94 Dasha Afanasieva, Sylvia Westall, U.S. Syria Strategy Falters with Collapse of Rebel Group. Reuters. 5.3.2015. http://www.reuters.com/article/us-mideast-crisis-syria-hazzm-idUSKBN0M10GV20150305

95 Charles Lister, The Syrian Jihad. London 2015. Das Zitat stammt aus: Lister, Al Qaeda Reaps Rewards of U.S. Policy Failures on Syria. The Daily Beast. 6.7.2016. http://www.thedailybeast.com/articles/2016/07/06/al-qaeda-reaps-rewards-of-u-s-policy-failures-on-syria.html

96 Mark Landler, 51 U.S. Diplomats Urge Strikes Against Assad in Syria. New York Times. 16.6.2016. http://www.nytimes.com/2016/06/17/world/middleeast/syria-assad-obama-airstrikes-diplomats-memo.html?_r=0

97 Christoph Reuter, Revolution der Lokalisten. Der Spiegel. Chronik. 2015

98 Zu den Details und Quellen siehe nächstes Kapitel

99 Zuhour Mahmoud, The Thorn in al-Nusra's Side. Syria Deeply. 24.6.2016. https://www.newsdeeply.com/syria/articles/2016/06/24/maarat-al-numan-the-thorn-in-al-nusras-side

100 Die hier erwähnten Daten stammen aus folgenden Quellen mit weiterführenden Links im Text: Syria's President, a Former Doctor, is Turning Hospitals Into Death Traps. The Economist. 31. 8. 2016. http://www.economist.com/news/middle-east-and-africa/21706225-bashar-al-assad-intends-make-life-unbearable-civilians-trapped, Ellen Francis, The War on Syria's Doctors. Foreign Policy. 11. 6. 2016. http://foreignpolicy.com/2016/08/11/the-war-on-syrias-doctors-assad-medicine-underground/

101 Der Bericht ist unter diesem Link abrufbar: http://www.ohchr.org/Documents/HRBodies/HRCouncil/CoISyria/A-HRC-31-CRP1_en.pdf

102 Syria: It Breaks the Human: Torture, Disease and Death in Syria's Prisons. Amnesty International. 18. 8. 2018. https://www.amnesty.org/en/documents/mde24/4508/2016/en/

103 Siehe ergänzend zum Interview der Autorin auch: Adam Ciralsky, Documenting Evil. Vanity Fair. 11. 6. 2015. http://www.vanityfair.com/news/2015/06/assad-war-crimes-syria-torture-caesar-hospital

104 Ben Traub, The Assad Files. The New Yorker. 18. 4. 2016. http://www.newyorker.com/magazine/2016/04/18/bashar-al-assads-war-crimes-exposed

105 https://foreignaffairs.house.gov/legislation/h-r-5732-caesar-syria-civilian-protection-act-2016/

106 Anne Applebaum, The Disastrous Nonintervention in Syria. Washington Post. 29. 8. 2016. https://www.washingtonpost.com/opinions/global-opinions/what-exactly-nonintervention-has-produced-in-syria/2016/08/29/45826402-6e08-11e6-9705-23e51a2f424d_story.html?utm_term=.a4983b182623

107 Anthony Deutsch et al., UN Inquiry Blames Syrian Military for Chlorin Bomb Attacks. Reuters. 16. 9. 2016. http://www.reuters.com/article/us-mideast-crisis-syria-chemicalweapons-idUSKCN11M1UU

108 http://www.reuters.com/article/us-mideast-crisis-syria-chemicalweapons-idUSKCN11M1UU?feedType=RSS&feedName=topNews&utm_source=twitter&utm_medium=Social

109 Syria. Brigade Fighting in Homs Implicated in Atrocities. HRW. 13. 5. 2013. https://www.hrw.org/news/2013/05/13/syria-brigade-fighting-homs-implicated-atrocities

110 Syria: Abductions, Torture and Summary Killings at the Hands of Armed Groups. Amnesty International. 5.7.2016. https://www.amnesty.org/en/latest/news/2016/07/syria-abductions-torture-and-summary-killings-at-the-hands-of-armed-groups/

111 Kamal Sheikho, Syrians Displaced from Manbij Recount Horror. Al Monitor. 21.7.2016. http://www.al-monitor.com/pulse/originals/2016/07/civilians-flee-manbij-isis-syrian-democratic-forces.html#ixzz4FOKv9Xrx

112 Hassan Hassan, Michael Weiss, ISIS. Inside the Army of Terror. New York. 2015

113 Das Transkript des Interviews ist hier abrufbar: http://www.newyorker.com/news/news-desk/former-ambassador-robert-ford-on-the-state-department-mutiny-on-syria

114 Hugh Naylor, Islamic State Has Killed Many Syrians, but Assad's Forces Have Killed More. Washington Post. 5.9.2015. https://www.washingtonpost.com/world/islamic-state-has-killed-many-syrians-but-assads-forces-have-killed-even-more/2015/09/05/b8150d0c-4d85-11e5-80c2-106ea7fb8od4_story.html

115 Peter Tatchell, There is a Way to Override Russia's UN-Veto. The Telegraph. 27.10.2016. http://www.telegraph.co.uk/news/2016/10/27/there-is-a-way-to-override-russias-un-veto--and-save-aleppo-befo/

116 Samantha Power, A Problem from Hell. New York. 2003

117 Shiraz Maher, Why the Western-backed Assault on Islamic State in Iraq and Syria is failing. New Statesman. 20.6.2016. http://www.newstatesman.com/world/middle-east/2016/06/war-within-wars

118 Syria: US Ally's Razing of Villages Amounts to War Crimes. Amnesty International. 13.10.2015. https://www.amnesty.org/en/latest/news/2015/10/syria-us-allys-razing-of-villages-amounts-to-war-crimes/
Siehe dazu auch den Bericht der UN-Kommission zu Syrien vom Februar 2016. http://www.ohchr.org/Documents/HRBodies/HRCouncil/CoISyria/A-HRC-31-68.pdf

119 Yazigi, 2016. Op. cit.

120 Dion Nissenbaum, Kurds Carve Out a Home in Syria. WSJ. 31.8.2016. http://www.wsj.com/articles/syrias-kurds-have-carved-out-a-statelet-adding-new-snags-to-a-complex-region-1472661321?mg=id-wsj

121 Lina Sergie Attar, Watching my Beloved Aleppo Rip itself Apart. New York Times. 14.8.2016. http://www.nytimes.com/2016/08/14/opinion/sunday/watching-my-beloved-aleppo-rip-itself-apart.html?smid=tw-share&_r=2